D1663152

Friedrich B. Walz

Der Frauenkrieg
oder
Die Verdrängung der Männer

VERLAG PETER ERD · MÜNCHEN

Die Deutsche Bibliothek – CIP-Einheitsaufnahme
Walz, Friedrich B.
Der Frauenkrieg: die Verdrängung der Männer/Friedrich B. Walz. –
München: Erd, 1993
ISBN 3-8138-0303-1

Umschlaggestaltung: Atelier Nittner, München
Copyright © Verlag Peter Erd, München 1993
Alle Rechte, auch die des auszugsweisen Nachdrucks, der
Übersetzung und jeglicher Wiedergabe, vorbehalten.
Fotosatz: Uhl+Massopust, Aalen
Druck und Verarbeitung: Wiener Verlag, Himberg
Printed in Austria
ISBN 3-8138-0303-1

Inhalt

Vorwort

Männer wollen von Frauen anerkannt und geliebt werden. Die Meinungsfreiheit hört daher für Männer auf, wenn es um den Feminismus geht; keiner möchte Schwäche und Angst gegenüber Frauen zeigen und schon gar nicht als vermeintlicher Frauenfeind mit Liebesentzug bestraft werden. Darin liegt ein Teil der Stärke der Frauenbewegung. Wie glaubwürdig anders wäre das rätselhafte Schweigen der Männer zu den Kampagnen zu verstehen, die permanent gegen das männliche Geschlecht und zu seiner Verunglimpfung laufen? Ein anderer Grund ist eine Vermeidungshaltung der Männer; sie wollen ihrer drohenden Verdrängung aus dem öffentlichen und privaten Leben nicht ins Auge sehen. Statt dessen verdrängen sie die Angst vor ihrer Verdrängung in ihr Unbewußtes.

Soweit das vorliegende Buch auch Leserinnen findet, die damit unzufrieden sind, daß nur die radikalen Feministinnen den Ton an- und die Ziele vorgeben, bitte ich um Verständnis und Verzeihung dafür, daß ich nicht immer zwischen den bisher schweigenden Mitläuferinnen und ihren selbsternannten radikalen Vertreterinnen unterscheide. Die Übergänge zwischen Feministinnen und *den* Frauen sind ja eher unscharf.

Mancher Leser wird denken: »Ja, und die Männer? Die sind doch noch viel schlimmer!« Als Autor bin ich parteiisch – zugunsten der Männer. Das Buch handelt von feministischen Legenden, Strategien, Wegen und Zielen und damit von radikalen Feministinnen, und die sind nun einmal Frauen. Das Buch ist auch eine Streitschrift; Anspruch auf umfassende Darstellung auch der feministischen Positionen analog parteipolitischem Proporz erhebt es nicht. Feministische Literatur steht regalweise in den Buchhandlungen und Bibliotheken; Publikationen von Männern zum Feminismus sind bisher nur vereinzelt erschienen.

Eine maßgebliche Feministin[1] spricht vom *Krieg der Männer gegen die Frauen*. Proteste von Frauen gegen diese Verdrehung der Tatsachen sind nicht bekanntgeworden. Nach üblichem Sprachgebrauch fängt – privat oder von Staats wegen – einen »Krieg« an, wer an einem realen Zustand gegen den Willen des anderen etwas mit Gewalt verändern will. Es sind die Feministinnen, die Frauen, die am *status quo* etwas verändern wollen, nicht die Männer. Diese lassen den Frauenkrieg stillschweigend über sich ergehen.

Auch die witzigen und polemischen Elemente in diesem Buch beruhen alle auf Nachrichten und Berichten aus den gedruckten und elektronischen Medien. Die lückenlose Quellenangabe hätte den Text unübersichtlich gemacht. Die Journalisten bitte ich um Verständnis und danke ihnen.

Friedrich B. Walz

---

[1] French, Marilyn: Der Krieg gegen die Frauen. Albrecht Knaus Verlag. München 1992

1 Das feministische Weltbild

1.1 Ideologie und Heilslehre

Immer stärker wird das gesellschaftliche und private Leben von Maximen bestimmt, die noch vor kurzem den Kern feministischer Ideologie ausmachten. Die Übernahme solcher Positionen ist um so erstaunlicher, als es *den Feminismus* als homogene Organisation nicht gibt. In einer nach zigtausenden zählenden Publikationsflut verbreitet die Frauenbewegung aber ihre Ideologie über den Globus.

Je diffuser die Theorie, um so extensiver der ideologische Anspruch. Unter den Ismen macht der Feminismus da keine Ausnahme. Ideologie soll danach sein, »das Bild einer frauenfreundlichen Gesellschaft zu fördern« und »eine Beschreibung der auf lange Sicht zu realisierenden Veränderungen, die Konkretisierung von Wünschen, wie in unserer Gesellschaft die Position von Frauen zu verbessern ist[2].« Das eigene Theoriedefizit wird in der feministischen Literatur oft beklagt. Deswegen wird zwar aus Not, aber doch jedenfalls ungeniert plagiiert und als Eigenes ausgegeben, was von anderen erdacht und – meist erfolglos – praktiziert worden ist. Parteiprogramme dienen sich an, Uralt-Manifeste, Satzungen von Vereinen aller Art, Terroristenstrategien, Erfolgs- und Managementliteratur, Gruppendynamik, die

---

[2] Groot, Lidwi de und Veld, Elske Ter: Handbuch, Mut zur Strategie. Feministische Uitgeverij Sara, Amsterdam; deutsch: Verlag Frauenoffensive, München 1986, S. 20

Familientherapie und »Konflikte am Arbeitsplatz fruchtbar lösen«, Mao, PSI und Che; alles leuchtet ein und kann übernommen werden. Meist genügt schon der Austausch des Protagonistenbegriffs gegen das Wort »Frau«. Nimm ein x-beliebiges Programm, ersetze das Wort Genosse, Mitglied, Katzen- oder Bienenfreund, Parteigenosse, Beitragszahler, Mitbruder durch: »Frau«, und vor dir scheint das neue Werk einer feministischen Theoretikerin zu liegen. War die Bourgeoisie die Zielscheibe des Kommunistischen Manifestes, so würde es heute nicht auffallen, wenn nach Austausch des sozialistischen Feindbegriffs der »Bourgeoisie« gegen den des »Patriarchats« ein feministisches Werk neuesten Datums vorgestellt würde.

Viele der Förderer des Feminismus hegen Sympathien für psychodelische Erfahrungen, für übersinnliche Deutung verblüffend erscheinender Phänomene und Experimente, für Astrologie, Tarot, Hexenglauben und östliche Meditationstechniken und Religionen. Sie lassen sich zusammenfassen als mehr oder weniger gläubige Anhänger des *New Age*. Die Feministin Marilyn Ferguson[3] hat sich mit dieser stetig wachsenden Minderheit in ihrem 500-Seiten Buch *Die sanfte Verschwörung* beschäftigt. Es handelt sich dabei keineswegs um eine konspirative Verschwörung im herkömmlichen Sinn, mit Manifesten und Berufs- und Hobby-Revolutionären. Sie ruft aber auf zu einem Underground-Kreuzzug aller Wissenden durch »persönliche und gesellschaftliche Transformation im Zeichen des Wassermanns« unter Führung des Feminismus gegen männliche Vorherrschaft und das patriarchalische Gesellschaftsmodell.

Man sollte meinen, daß nach all den Enttäuschungen mit Welt-

[3] Ferguson, Marilyn: Die sanfte Verschwörung. Persönliche und Gesellschaftliche Transformation im Zeitalter des Wassermanns. Droemersche Verlagsanstalt Th. Knaur Nachf. München 1982

anschauungen und den daraus folgenden Katastrophen niemand mehr große Erwartungen an seine jeweils allerneueste Heilslehre zu stellen wagt. Um so frappanter aber ist der totale Anspruch der radikalen Frauen. Das Bedürfnis nach einem Tagtraum, der den Frust des Kleinkriegs erträglicher macht, wird befriedigt durch »Machtträume, wenn einmal die Macht bei den Frauen liegen wird«. Die Träume dienen weniger der Emanzipation als unabdingbarem Bestandteil der Demokratisierung der Gesellschaft, wie sie früher einmal für Frauen und Männer gefordert worden war, sondern sind Hilfe »zur Überbrückung der großen Leere zwischen Ohnmacht (...) und der Allmacht (unserer Vision einer idealen Gesellschaft).«[4]

Stolz und mit einer erstaunlichen Offenheit verkünden Frauen, junge und alte, Politikerinnen und Hausfrauen, ihre verblüffende Wahrheit: wie froh sie seien, daß dieses oder jenes Buch von einer Frau geschrieben sei; daß nun eine Frau auf einem bestimmten Posten sitze; daß dies und das von einer Frau gemacht oder gesagt worden sei; daß sie schon aufgrund des weiblichen Geschlechts der Betreffenden bereit seien, über Mängel und Unstimmigkeiten hinwegzusehen. Allein das Argument »Hauptsache, es ist eine Frau!« zählt. Die Lektüre einer Frauenzeitschrift ist allemal genug, um in einer Diskussion über frauenrelevante Themen als Expertin auftreten zu können. Was gestern als progressiv und als Minimalforderung vertreten wurde, wird heute als reaktionär verworfen, später, sich darauf berufend, wieder hervorgekramt.

Weil es schon genüge, daß die Frauen wütend seien, wird permanent und querbeet Unzufriedenheit mit allem und jedem gesät nach dem Motto: Irgend etwas bleibt schon hängen. So ent-

---

[4] Joke Smith: er is een land waar vrouwen willen wonen, S. 322, zit. n. de Groot/Ter Veld, a. a. O., S. 207

blödete sich auch die Presse nicht, über die »alltägliche Diskriminierung des Wetters« zu maunzen, weil nämlich die Meteorologen die sanften Wetterhochs nach männlichen Namen *(Leopold und Moritz)* benennen, die stürmischen Tiefs *(Gilda)* aber nach Frauennamen wie die Hurrikane *Janet* und *Rose* und den Sturm *Wiebke*. Die Berliner Allerweltszensorinnen heben in ihrem Blatt die Tatzen für den im Augenblick theorie- und ratlosen Linken, so daß er – diesmal ohne großen Lernaufwand – ein Steinchen zum Bau der neuen Gesellschaft aufheben und bei Sekte und Bier den schnell einleuchtenden Beweis für patriarchalische Übermacht abrufen kann, ohne Gefahr zu laufen, als sophistischer Schwätzer ausgelacht zu werden. Und in der Tat(z): Es bleibt was hängen! Vor allem an der deutschen Sprache: Denn gemeint ist natürlich nicht das Wetter, das angeblich diskriminiert wird (das könnten nur eingefleischte Frauenfeinde behaupten), sondern die linken Frauen sind es, die sich durch die Identifikation mit Schlechtwetternamen stigmatisiert fühlen.

Um die Frauen erfolgreicher, durchsetzungsfähiger, härter und berechnender zu machen, werden die einstmals kritisch definierten weiblichen Prinzipien madig gemacht: Fürsorglichkeit, Verständnis- und Hilfsbereitschaft sollen mit dem Begriff Frau nicht mehr assoziiert werden dürfen. Bleibt die Frage, wie viele (oder wie wenige) Frauen denn überhaupt weibliche Prinzipien zu leben imstande sind. Die neurotische Verklemmtheit gerade ehrgeiziger Menschen ist unter Frauen ebenso verbreitet wie unter Männern, ebenso oft ihre Liebesunfähigkeit und ihr Unvermögen, Zärtlichkeit und Fürsorge zu zeigen und zu geben. Darüber kann auch nicht hinwegtäuschen, daß gerade in den Pflegeberufen besonders viele Frauen beschäftigt sind. Pflege von Angehörigen soll nun aber generell bezahlt werden müssen. Damit werden die Pflegepersonen austauschbar. »Die ganze Kindheit muß organisiert werden!«, natürlich feministisch, fordern die kommunalen

Frauenbeauftragten und Gleichstellerinnen. Die Kinder werden daher von den Müttern ohne Gewissensbisse zu den »Gefühlsar-beiterInnen«⁵ in die Krippe abgeschoben, schließlich empfehlen das ja die Expertinnen. Von einem Drittel aller Berufstätigen in den USA, in der Mehrzahl Frauen, wird in einem »Prozeß der Entfremdung von den eigenen persönlichen Gefühlen« Gefühls-management in Branchen betrieben, die die »Kommerzialisierung der Gefühle« als Unternehmenszweck einer Gefühls-GmbH ins Handelsregister haben eintragen lassen.

In Deutschland glauben vernachlässigte Jugendliche und Ent-täuschte zu wissen, daß die andersartige Kultur von Asylbewer-bern nicht in ihre Stadt passe, daß jene ihnen den Arbeitsplatz und die Mädchen wegnähmen, daß sie ihretwegen keine Wohnung fänden; kurz: daß sie wegen der Ausländer benachteiligt seien. Genau so *wissen* Feministinnen, daß in der patriarchalischen Ge-sellschaft Frauen von Männern diskriminiert würden, daß Frauen überall zu kurz kämen, daß sie ihres Geschlechts wegen an der ansonsten bombensicheren Karriere gehindert würden. Sie wis-sen, daß das verhaßte Patriarchat die Ursache der von Femini-stinnen strategisch ausgewählten Weltübel ist, für die *die* Männer an den Pranger gestellt werden dürfen.

Das vermeintliche Recht auf unbegrenzte individuelle Freiheit ist Auslöser für Maßnahmen, die auf Dauer die Lebensqualität kommender Generationen erheblich mindern könnten. Je größer die Freiheit der Frauen werden soll, desto mehr Unterstützung wird paradoxerweise vom Staat verlangt. Frauenförderungsför-derer und Männerkontrolleure, flankierende Selbsthilfe- und Un-terstützungsgruppen, Frauen- und Gleichstellungsbeauftragte, Überwachungs- und Reglementierungsorgane und -gesetze sol-

⁵ Hochschild, Arlie Russell: Das gekaufte Herz. Zur Kommerzialisie-rung der Gefühle. Campus Verlag 1990

len die Wertschätzung der neuen Frau und ihre paritätische Beteiligung in allen Lebensbereichen erzwingen.

Pardon wird den Männern nicht gegeben. »Kein Mitleid mit dem Feind« ist die Parole. Keine Anerkennung der kulturellen, wissenschaftlichen, künstlerischen und ökonomischen Leistungen des Mannes, kein Respekt vor seiner Ehre und Würde. Ansprüche darauf verachten die Feministinnen als lächerliche Mannesehre, die ihm mit allen Mitteln genommen werden muß, bei der er aber nach Bedarf gepackt wird, wenn es darum geht, ihn zu demoralisieren und zu beherrschen.

Alexander Mitscherlich hat zur menschlichen Friedensfähigkeit geschrieben. In seinem Aufsatz *Aggression – Annäherung an das Thema vom Alltag her*[6] scheint ihm »die Auffassung berechtigt, daß solche Übervereinfachungen wie *der* Kapitalist oder *der* Kommunist vordergründige Vorgänge der Selbsttäuschung sind. Die unbewußten Ichanteile sind dabei in die Dienste kategorisch nach Befriedigung verlangender Triebspannungen getreten. Unser Ich glaubt dann tatsächlich, was es als halbe oder überhaupt keine Wahrheit erkannt und zurückgewiesen hätte, zumal unter dem Druck von »Gruppenanweisungen« oder »institutionalisierten oder Idealvorstellungen«, oder etwa in der »Notlage eines Befreiungskrieges«(!). Wäre Mitscherlich damals schon der Begriff *das* Patriarchat und *die* Männer im feministischen Un-Sinne geläufig gewesen, hätte er sie ebenfalls einbeziehen müssen. Er meint, daß die aggressionserweckenden Symbole dadurch zu »zündenden Kampfparolen werden, daß der Streit für sie einen Abfuhrweg für lange unbefriedigt gebliebene Aggressionsbedürfnisse eröffnet. Unter dem dauernden Unlustgefühl, das sie verursachen, werden die Anlässe, die einen aggressiven Triebdurch-

---

[6] Mitscherlich, Alexander: Die Idee des Friedens und die menschliche Aggressivität. Bibliothek Suhrkamp 1969, S. 14 f.

bruch auslösen, immer nichtiger. Schließlich ist es die Fliege an der Wand, die unerträglich irritiert.«

Das von ihm dann angeführte Beispiel ist ohne Abstriche auf die feministische Aggression zu übertragen. Ist nämlich einmal diese »reizbar angriffsbereite Stimmung gefestigt und weit verbreitet, dann verlaufen Konflikte zwischen den Interessen einzelner Individuen oder Gruppen der Gesellschaft leicht im Sinne der Selbstverstärkung des Affektes; jedes Wort, jeder Schritt führt tiefer in die Feindschaft.« Mitscherlich[7] führt uns folgende Situation vor: »Ein Mann steht vor einem Postamt und will aus dem Automaten Briefmarken entnehmen. Dieser behält sein Geld ohne Gegenleistung. Der zur Hilfe gerufene Aufsichtsbeamte wartet beim Aufschließen gar nicht, bis er den Grund für die Störung gefunden hat, er ist gleich mit der Bemerkung bei der Hand: ›Da war die deutsche Jugend am Werk!‹« Wenn die unheile Welt die Notwendigkeit des Aufschubs von Wünschen gebietet oder gar die Unerfüllbarkeit feministischer Illusionen realistisch vor Augen führt, ist nicht nur die feministische Jugend schnell mit dem Wort von der Alleinschuld *der* Männer bei der Hand.

Wie die großen Weltkriege für Mitscherlich beweisen, daß »Destruktivität nicht nur nach außen abfließt, sondern auch in hohem Maß gegen die eigene Person gerichtet sein kann«, mit einer »rücksichtslosen Bereitschaft zu leiden«, so beweisen die Richtigkeit dieser These diejenigen Frauen, die durch private Lebensdestruktion für sich und ihre Kinder permanentes Leiden vorprogrammieren. Das betrifft nicht nur körperlichen Raubbau durch Nikotin- und Alkoholabusus, Aufschub von Kinderwünschen *ad infinitum*, Alleinerziehung der Kinder mit erst in Ansätzen sichtbaren Massenneurotisierungsfolgen für Mutter und Kind, Ehescheidung im Trott des Trends. Man muß auch an die

[7] a.a.O., S. 17

gar von einer feministischen Psychoanalytikerin[8] propagierte
Politik der verbrannten Erde denken, nämlich die Verweigerung
der evolutionär gewachsenen weiblichen Prinzipien und der daraus überkommenen Verantwortung, deren Opfer einer gefühls-
kalten Gesellschaft nicht nur ihre Kinder, sondern eines Tages an
erster Stelle die Frauen selbst sein werden.

Frau Freud wurde natürlich wieder einmal vergessen![9] Dieses
im Zweifelsfall durch den großen Alexander verschuldete Schicksal der unbekannten Frau eines berühmten Mannes will sich
Margarete Mitscherlich[10] ersparen. Sie schreibt jetzt feministisch.
Wohlmeinend zitiert sie eine »schwarze Vertreterin der radikalen
Feministinnen in den USA« aus dem Jahr 1974: »Es kann zur Zeit
keine gesunde Beziehung zwischen Mann und Frau geben; vielleicht in zwanzig Jahren, nicht jetzt.« Gleichzeitig aber führt sie
den Begriff der zu sehr *friedfertigen Frau* ein. Sie lastet *den*
Männern fast alle Übel der Welt an, besonders die durch Kriege
verursachten. Um die systemische Theorie von der wechselseiti-
gen Durchdringung alles Seienden schert sie sich nicht. Sie fragt
nicht, wer Männer zu dem macht, was und wie sie sind, welche
Rolle Frauen dabei in der Evolution und in der Erziehung bis
heute spielen. Die Frauen sieht sie ausschließlich als Märtyrerinnen, in »dienender und unterhaltender Funktion: Sie zogen im
Troß hinter den Kriegern her, sorgten für ihr leibliches Wohl, im
Bett und in der Küche, im Lazarett und im Bordell – fast immer

---

[8] Olivier, Christiane: Jokastes Kinder, dtv 15053, 1987 S. 176: »Wenn
 der Mann sich weigert, mit diesem Kind zu sprechen, warum sollten
 wir dann auf sein Wimmern antworten?«
[9] Xenakis, Françoise. Frau Freud ist wieder mal vergessen worden!
 Fünf fast erfundene Biographien. Kindler Verlag. München 1986
[10] Mitscherlich, Margarete: Die friedfertige Frau. S. Fischer Taschenbuch Verlag. Frankfurt 1985 und 1992

waren sie Opfer, ob als Vergewaltigte, Gefolterte, Getötete, Sklavinnen oder Kriegstrophäe, ob als Trauernde um Familienväter oder Kinder.«

Wenn es nach Frau Mitscherlich ginge, wäre die Welt noch in Ordnung, gäbe es nicht die durch eine in ihren Ursprüngen nicht näher erläuterte Neigung der Männer zu Gewalt, Zerstörung und Grausamkeit. Die Männer! Sie haben »verwüstet... erobert... kolonialisiert... ausgelöscht... hingemetzelt... In allen uns bekannten Zeiten haben vor allem Männer Gewaltverbrechen begangen. Sie haben erschlagen und erstochen, sie haben erschossen und zerstückelt, haben gefoltert und vergewaltigt, haben verbrannt und gerädert, haben erwürgt und erdrosselt – haben für all diese Gewalttaten die entsprechenden Geräte erfunden und verfeinert.«[11]

Recht hat sie! Die (männliche?) Pestizidforschung ist ein Teilprodukt der für das Überleben von Milliarden von Menschen wichtigen Unkrautvernichtungsforschung. Diese ist aber halt auch für die Umweltzerstörung mitverantwortlich; mit ihr lassen sich durch Verfeinerung auch Giftgas und Entlaubungsmittel herstellen. Für einen solchen Mißbrauch eines segensreichen und gleichzeitig teuflischen Fortschritts sollen allein *die* Männer verantwortlich sein? Aber Frauen erwarten von Männern auch, daß diese endlich verfeinerte Umwelttechniken entwickeln, um die weitere Zerstörung des Erdballs zu verhindern.

Die Urform des Messers war sicher als Waffe benützt worden, um einem Angreifer tödliche Verletzungen beizubringen. Durch männliche Verfeinerung wurde es aber auch zum Fischmesser und Chirurgenskalpell. Die Menschen in den durch äußere Umstände und innere Spannungen ins Chaos versunkenen Ländern der Erde vernichten sich mit Schnellfeuerwaffen ebenso

11 a.a.O., S. VII f.

wie mit Knüppeln und Keulen, und zur Verfeinerung ihres irrationalen Aggressionsbedürfnisses sprengen sie notfalls auch eine Chemiefabrik in die Luft, um dem Gegner zu schaden. Und unter Feministinnen geht klammheimlich der saloppe Spruch um, die Männer müßten eben *abgeschlachtet* werden, wenn sie sich dem feministischen Willen ernsthaft widersetzten. Überall auf der Welt schicken Mütter ihre Söhne in den Krieg, um einen verhaßten Feind zu eliminieren. Wer soll da vor welches Tribunal gestellt werden, Frauen oder Männer oder beide?

Margarete Mitscherlich fragt sich und uns absichtsvoll, ob »es vorstellbar (sei), daß ein Teil der Gattung Mensch, der Mann, in sich einer Zerstörungsneigung unterworfen ist, die erst mit der Selbstvernichtung zur Ruhe kommt, und daß der andere Teil der Gattung, die Frau, einer solchen Neigung weniger ausgeliefert ist und dazu verurteilt scheint, den Zerstörungswillen des anderen Teiles mehr oder weniger widerstandslos, als Dienerin, als Opfer oder als erzwungene Komplizin, über sich ergehen zu lassen?«

Wenn die Evolution in der Tat solchen unglaublichen und widersprüchlichen Unsinn eines sinnloser Zerstörung geneigten Geschlechts der Männer hervorgebracht haben sollte, welche Konsequenzen zu ziehen würde die Psychoanalytikerin dann vorschlagen? Würden denn die mit der Neigung zur Zerstörung geschlagenen Männer sich so einfach *entmannen* lassen? Würden sie sich nicht eher naturgemäß – der implizierten mitscherlichschen Machbarkeitsideologie erwehrend – auch die Gesellschaft und die Frauen zerstörend, zur Wehr setzen? Müßten sie dann wiederum nicht von den Frauen mit eigens von jenen zur »Vernichtung der Männer«[12] verfeinerten Geräten einer Tortur zur Veränderung ihrer abartigen Neigungen unterworfen, müßten

[12] Solanas, Valerie: Manifest zur Vernichtung der Männer. SCUM. (Society of Cutting Up Men).

18

die Männer nicht isoliert und konzentriert, genmanipuliert oder auf andere Art von den Frauen ausgeschaltet werden? Und wäre dann die Welt heil?

1.2 Der Mythos des 21. Jahrhunderts: Power-Hexe und Ur-Mutter

Die postmoderne Welt, in welcher der Bürger auch bei komplizierten Sachverhalten Anspruch auf prompte Bedienung zu haben glaubt, bedarf schlichter Parolen, griffiger Slogans und einfacher Problemlösungen. Simpel genug wollen die Politiker dem Bürger weismachen: Schuld an einer unlösbaren Misere ist immer der Gegner. So einfach wie die Feministinnen hat es sich freilich noch keiner der historischen Volksverdummer zu machen gewagt! (Hoffentlich) wider besseres Wissen postulieren sie kurzerhand: Schuld an der Misere der Welt, wie sie heute ist, sind die Männer! Um den pauschalen und emotionsgeladenen Anwürfen gegen die Männer von Adam bis Zarathustra auf den Grund zu gehen, muß natürlich gefragt werden, was heute wäre, wenn sich die Menschheit vorwiegend in mutterrechtlichen Gesellschaften organisiert hätte. Für die wissenschaftliche Forschung sieht es schlecht aus, wenn es um den Nachweis eines historischen Matriarchats geht; es fehlen Quellen, Belege und Fakten. Nur die feministische Gerüchteküche serviert immer wieder denselben Matriarchaleintopf von der großen Ursuppenmutter.

Märchenhaft wird es, wenn es um die sagenhaften Amazonenvölker geht, deren Brauch es gewesen sein soll, die Söhne zu töten und nur die Töchter aufzuziehen. Angeblich haben sich die kämpferischen, augenscheinlich körperfeindlichen Frauen eine Brust amputiert, um besser mit Pfeil und Bogen umgehen zu können. In der Tat entwickelten sich Sagen von insularen Amazonenstaaten in vielen Teilen der Welt (Südsee, Japan, Skandinavien, Mittelmeerraum, Norddeutschland) unabhängig voneinander. Die der menschlichen Phantasiewelt naheliegenden Phantasmagorien lassen sich möglicherweise damit erklären, daß es früher in der Tat auf Inseln mit karger, landwirtschaftlicher Lebensgrundlage die Sitte gegeben hat, die Geschlechter radikal voneinander zu trennen, um einer Überbevölkerung und damit Hungersnot vorzubeugen. Männer und Frauen durften einander nur in großen Zeitabständen begegnen. In alten Aufzeichnungen ist auch die Rede von gesonderten Frauen- und Männerinseln. In den Krieg, den es damals auch schon gab, hätten aber auch Amazonenherrscherinnen, die es nun einmal nicht gab, allemal ihre Männerheere ziehen lassen.

Die Matriarchatsforschung besteht im wesentlichen aus Wunschdenken, Behauptungen, Spekulationen und Publicity der sich als Matriarchatsforscherinnen gerierenden Soziologinnen, Hausfrauen, Politologinnen, Philosphinnen. Ihnen gilt der männliche Anspruch auf wissenschaftliche Analyse und Theorie wenig. Es genügt, sich als Frau seine Wut und Trauer, seine Freude und den Frust vom Leibe schreiben zu wollen. Es ist völlig egal, welche von den Forscherinnen man liest; die eine bezieht sich auf die andere oder schreibt von ihr ab; es gibt nichts zu zitieren, was über Vermutungen und Behauptungen hinaus Hand und Fuß hätte. Aber auch hier bewahrheitet sich die Binsenweisheit jeglicher Propagandatätigkeit: Steter Tropfen höhlt den Stein. Die Legende von der matriarchalen Gesellschaft wurde schon so oft und penetrant strapaziert, daß sich niemand mehr lächerlich macht, wenn er das Matriarchatsmärchen als historisch verkauft. Aber sogar die kalte Kriegerin Marilyn French muß zugeben: »Soweit wir wissen, gab es nie ein Matriarchat.«[13]

[13] a. a. O., S. 20

Eine der selbsternannten Matriarchatsforscherinnen ist Heide Göttner-Abendroth, die nach eigenem Bekenntnis »in der Schule lieber Schopenhauer und Nietzsche (!) gelesen als Vokabeln gepaukt« hatte, und die später als Studentin der Literaturwissenschaft und Philosophie »das theoretische Brimborium dabei« störte.

Bis zum Zeitpunkt des Erscheinens des *Features* in der Presse hatte sie es schon zur Lehrbeauftragten für Philosophie und Ästhetik an der Münchner Universität gebracht. Auch für ihr Privatleben hat sie Gewinn aus ihrer Forscherinnentätigkeit gezogen: Sie gewann Selbstbewußtsein, sie singt, schauspielert, bewegt sich tänzerisch, schreibt Gedichte und arbeitet handwerklich. Und noch etwas teilt sie der Öffentlichkeit mit: »In meiner Familie dominiere ganz eindeutig ich!«

Nach ihrem Wunsch soll es so gewesen sein, daß nach 4000 Jahren matriarchaler Epoche es vor 3000 Jahren dazu gekommen sei, daß die Matriarchate von den Patriarchaten abgelöst wurden. Wieso denn das?

»Das ist eine der schwierigsten Fragen überhaupt; sie ist noch viel zu wenig erforscht. Die Entstehung der Patriarchate vollzog sich in einer sehr langwierigen Entwicklung, hervorgerufen teils durch Spannungen bei den einzelnen Volksstämmen von innen, und zu einem großen Teil durch Eroberer und Eindringlinge von außen.«

Die matriarchale Frau hat sie aber schon lückenlos erforscht; sie ist ihr in ihrer Vielfältigkeit ein fast schon erreichtes Vorbild: »Sie war niemals – so wie wir heute – nur Hausfrau und Mutter, oder nur Künstlerin, oder nur Staatslenkerin ... Die matriarchale Frau verkörperte alles in einem: Sie war kämpferisch und mutig, dabei gleichzeitig sanfte Mutter und fürsorgliche Erzieherin. Sie war kreative Künstlerin, rationale Denkerin und weise Stammeslehrerin. All diese Eigenschaften gingen ineinander über.« Nicht nur primitive Völker von Jägern und Sammlern hätten im Matriarchat gelebt.»Es wurden bereits hochkultivierte Formen von Garten- und Ackerbau betrieben. Auch die ersten Hausbauformen sind von den Frauen entwickelt worden. Zwischen Frauen und Männern herrschte eine Art Arbeitsteilung.« Während Männer die harten Rodungs- und andere Arbeiten übernommen hätten, die *etwas* robustere Kräfte voraussetzten, war es Frauensache, die Pflanzen in den Boden zu setzen.»Die Frau war mit allem, was mit Leben, Wachstum und Fruchtbarkeit zusammenhing, befaßt.«

Bis sich der Brei aus Wissenschaft, Forschung und Lehre vom Matriarchat aus der Sicht der Frau zur universitär betriebenen und staatlich finanzierten Wissenschaft entwickelt haben wird, bedarf es vermutlich nur noch weniger Jahre. Wenn in der Wissenschaft – nach dem vor Adam Riese gültigen Hexeneinmaleins – alles erfunden und als noble Lüge behauptet werden darf, sollte es niemanden wundern, wenn mit der Frauenquote bald weniger noble als mehr dumme Lügen auch in die anderen Wissenschaften Eingang fänden.

In der weltweit boomenden *New-Age*-Bewegung begegnen sich das neue Heidentum, Göttinnensekten, Astrologiegruppen und Hexenzirkel mit der ökologischen Sehnsucht nach der heilen Welt. In kultischen Zirkeln der neuen Hexen, z. B. dem Wiccakult, treffen sich die Mitglieder zum rituellen Hexensabbat; die dominierenden Frauen sind in Zeremonialgewänder gekleidet oder ›vom Himmel bekleidet‹, d. h. nackt. Sie rufen die Mondgöttin an und geleiten die Mondenergie in den magischen Kreis. Wer will, kann – gegen *cash* – an Hexenseminaren teilnehmen, die moderne Frauensehnsüchte befriedigen sollen, oder kann eine Hexenschule besuchen.

Ein neuer dubioser Weiblichkeitsmythos »erstreckt sich nicht nur auf den Körper, sondern auch auf den Geist, und zwar in der radikalen Ablehnung von männlichen Denkstrukturen, von Rationalität und Wissenschaft«, schreibt kritisch Dagmar Unverhau[14]. Ganz im Gegensatz zu ihrem Namen verabreicht sie der feministischen *Forschung* die verdienten Prügel.

Utopisches Ziel der Hexenforschung ist die matriarchale Frauenherrschaft, die über die Malträtierung der braven Männer im Hexenkessel angestrebt wird. Die traditionelle Partnerin des Teufels, die Hexe, ist dagegen exkulpiert. Allein Männer sollen mit dem Teufel paktiert haben. Die prominente Feministin Judith Jannberg hat daher »die Hexe als Frau des Teufels aus ihren Erörterungen verbannt... Die *große Mutter* steht hinter allem und vor allem gegen den schlechten Mann.«[15] Für sie ist es klar, »daß sie den Abschluß eines Teufelsbündnisses kategorisch für eine Männersache erklärt – zur Diffamierung dieses Geschlechts...« Daß die Hexen im Teufel den Patriarchen, das männliche Prinzip verehrten und rituellen Verkehr mit phallischen Ersatzobjekten«[16] hatten, dies zu leugnen geht nur dann, wenn man die Überlieferungen der Verfolger für gefälscht ansieht; wie sich aber dann auf sie berufen, wenn man sie braucht?

Die mit einer Göttlichen Mutter kühl kalkulierenden Feministinnen beweisen einmal mehr Ludwig Feuerbachs These, wonach der Mensch sich sein Bild von Gott geschaffen hat, natürlich in Abhängigkeit von Interessenlage und Machtverhältnissen.

---

[14] vgl. im folgenden Unverhau, Dagmar: Frauenbewegung und historische Hexenverfolgung, in: Blauert, Andreas (Hrsg.), Ketzer, Zauberer, Hexen. Die Anfänge der europäischen Hexenverfolgung. Edition suhrkamp, Bd. 1577, Frankfurt 1990, S. 241 ff.
[15] Unverhau, a.a.O., S. 244
[16] Unverhau, a.a.O., S. 244, unter Hinweis auf die Feministin Phyllis Chesler und ihr Buch *Frauen – das verrückte Geschlecht?*

Der wichtigste Pfeiler des ersehnten Weiblichkeitsmythos ist die Legende von der starken Hexe. Die starke Hexe aus dem feministischen Zauberhut als Symbol des aktiven Widerstands gegen männliche Herrschaftsansprüche muß her, koste es, was es wolle. Wegen ihres Kampfes um den Bauch wurde die Hexe im Kampf gegen den Abtreibungsparagraphen instrumentalisiert[17]. »Zittert, zittert, die Hexen sind zurückgekehrt!« – The witches are back!« skandieren die hexischen Aktivistinnen. »Hexen waren unabhängige, politische, weibliche Rebellen; die Kirche, in deren Spitzenpositionen die Frauen jetzt drängen, habe in zwei Jahrhunderten acht Millionen Frauen auf dem Scheiterhaufen verbrannt«, so weiß Shulamith Firestone[18]. Angeblich soll es sich bei den bedauernswerten Frauen, die im Zeichen des Hexenwahns getötet wurden, um Kämpferinnen gegen Ungerechtigkeit, gegen männliche Herrschaft oder um Anhängerinnen einer vorchristlichen Religion von der großen Mutter gehandelt haben. Als Hebammen hätten sie sich in den Dienst der unterdrückten und daher abtreibungswilligen Frauen gestellt und seien daher von den um billigen Arbeitskräftenachwuchs besorgten Landesherren verfolgt worden.

Leider stimmt's halt nicht! Hebammen waren im Verhältnis nicht häufiger angeklagt als andere Frauen, wie Dagmar Unverhau anführt, wogegen ihr gegenteilige Behauptungen als typisch »für Halbwahrheiten und oberflächliche Argumentation Beleg« sind.[19] In der FAZ[20] schreibt dazu Wolfgang Behringer: »Der

---

[17] Unverhau, a.a.O., S. 242
[18] Firestone, Shulamith: Frauenbefreiung und sexuelle Revolution. Fischer Verlag 1975
[19] a.a.O:; S. 254f.
[20] 7.10.87, S. 27, Die Drohung des Schadenzaubers. Von den Regeln wissenschaftlicher Arbeit/Eine Antwort auf Heinsohn und Steiger.

Hexenhammer... umfaßt... über 700 Seiten. Auf 11 Seiten ist von Hebammen die Rede..., aber auch an diesen Stellen geht es nicht um Geburtenkontrolle oder Empfängnisverhütung im von Heinsohn/Steiger unterstellten Sinn.« Ebensowenig stimmt es[21], daß das Verhörschema festgelegt war oder die Prozeßprotokolle sich ähneln, wie von feministoiden Forschern immer wieder frei erfunden wird.

Von der Legende, der wahre Grund für die Hexenprozesse seien die als Hexen verleumdeten Volksärztinnen mit ihrer Spezialisierung auf Kräuterrezepturen zur Abtreibung gewesen, weiß auch Barbara Tuchman[22] nichts zu berichten. Sie allerdings ist keine selbsternannte Forscherin, sondern gilt als die bedeutendste amerikanische Historikerin mit ganz unfeministischer und quotenloser Spitzenkarriere. Tuchman weiß auch nichts davon, daß die Frauen in eine Art Gebärstreik und Abtreibungsprotest getreten seien, um zu verhindern, daß in den von Krieg und Seuchen entvölkerten Landstrichen neue Arbeitskräfte heranwüchsen.

»Wen verwundert's, daß die Hexe, als Buhle des Teufels gemäß dem theologischen – männlichen – Hexenbegriff, ein Thema der Frauenforschung werden mußte. Daß sich viele dieses Themas bemächtigt haben – meines Erachtens bis zur Unkenntlichkeit der historischen Hexe –« zeigt Dagmar Unverhau präzis. Allerdings meint sie, daß »es schwerfallen (dürfte), einem kritischen – männlichen – Publikum die Notwendigkeit einer Frauenforschung klarzumachen.«[23] Wenn sie sich da in den Männern nur nicht täuscht!

---

[21] Unverhau, a.a.O., S. 255
[22] Tuchman, Barbara: Der ferne Spiegel. Das dramatische 14. Jahrhundert. dtv Band 10060, München 1982, insbes. S. 241 ff.
[23] Unverhau, a.a.O., S. 62

Auch das Mitglieder-Magazin der Umweltschutz-Organisation *Robin Wood* will nicht zurückstehen[24]. Eine soeben gegründete Frauenkommission ist – kaum entstanden – schon mit einem für den Umweltschutz offenbar wichtigen Beitrag vertreten: »Die Ausrottung von Hexen und Hebammen durch Verfolgung und Verbrennung war ein Versuch, die besondere Machtstellung (!) der Frau zu durchbrechen... Die Professionalisierung der Medizin und deren Aufstieg zur Naturwissenschaft resultierte aus den Erkenntnissen über den menschlichen Körper, gewonnen in den Folterkammern der Hexenjäger mit Hilfe einer neuen wissenschaftlichen Methodik.« Wenn's Müllers Lieschen nur plausibel klingt!

Schon einmal ist eine von Menschen willkürlich installierte Göttin gescheitert: die von den Denkern der Französischen Revolution kreierte Göttin der Vernunft. Wenn man ihre Ideale und die daraus resultierende kopflose Realität vergleicht, hat sie sich recht lächerlich gemacht. Angesichts des Mangels an anderen – Trost versprechenden – Mythologien muß bezweifelt werden, ob die Menschheit gewillt ist, dem Mythos des 21. Jahrhunderts zu entrinnen. Adam jedenfalls soll zum zweiten Mal aus seinem bißchen Paradies vertrieben werden, diesmal von Gottmutter und ihren forschenden Powerhexen.

1.3 Der Mythos des 20. Jahrhunderts: Die Mutter

Im ersten Weltkrieg war die Wunderwaffe des deutschen Kaisers die *Dicke Bertha*, ein großkalibriges Geschütz zur Bekämpfung

---

[24] Heft 32, Januar 1992, S. 26 ff.

starker Festungen. In dem seit ewigen Zeiten andauernden Geschlechterkrieg ist es die Mutterrolle, mit der die Frauen nicht zuletzt den Gegner Mann[25] einschüchtern und ihn das Fürchten lehren können. Grobes Geschütz fahren jetzt allerdings die Frauen[26] auf, die in Schmäh- und Streitschriften die »allesfressende, allesversorgende, allesverwertende« Mutter unter schweres Feuer nehmen. Sie legen die Rundumkritik an *den* Müttern neu auf und wollen sie in eine absonderliche Rolle drängen, ähnlich wie es ähnlich die Feministinnen mit den Männern tun. Mütter sind aber keine Monster, wie es uns manche Autorin vermitteln möchte. Mütter sind Menschen, die ein individuelles Lebensschicksal haben. Nicht schlechtes Gewissen wegen pauschaler Kritik an den Symptomen und schon gar nicht die Übernahme feministischer Parolen kann Müttern helfen, sich aus der Unsicherheit über ihr Tun – und vor allem ihr Lassen – zu befreien. Zum Erwachsenwerden von Frauen gehört die Akzeptanz des Faktums, die Tochter einer Mutter zu sein. Sie müssen es wollen, den Schmerz der Trennung auf sich zu nehmen, der durch die Lösung aus der Symbiose mit der Mutter unvermeidlich ist. Nancy Friday[27] schreibt:»Die Emanzipations-Slogans von außen können bestenfalls dazu dienen, uns aufzumuntern. Es gibt für Frauen kein verändertes Leben, solange nicht jede einzelne Frau ihrem Leben und ihrer Geschichte ins Auge sieht.«
Zur heiligen Familie gehörte bis vor kurzem noch die heilige Mutter, der – mit Einverständnis und Unterstützung aller Frauen

[25] zum Mutter/Tochter-Verhältnis vgl. z. B. Friday, Nancy: Wie meine Mutter. My mother/My self. S. Fischer Verlag. Frankfurt 1979
[26] vgl. Dieckmann, Dorothea: Unter Müttern – Eine Schmähschrift, Rowohlt Verlag, Reinbek. 1993 und Reichel, Sabine: Frustriert, halbiert und atemlos. Piper Verlag. München 1993
[27] S. 440

– ehrfurchtsvoll und mit Respekt zu begegnen war. Sie hatte als rein und asexuell zu gelten. Ihre eigenen Kinder wagten kaum zu denken, geschweige denn sich vorzustellen, daß sie tatsächlich und *in persona* mit dem Vater ins Bett gegangen sein mußte, um sie, die Kinder, zu zeugen. Oft genug hatten das bald auch die Eheleute vergessen.

Die Feministinnen schließen nahtlos an den Mythos von der unantastbaren heiligen Frau an, wenn sie in überzogener Reaktion den Grapscher, den Belästiger, den Anmacher und phantasierten Gewalttäter am liebsten kastrieren und prophylaktisch unter Kuratel stellen möchten. Der Wahn, die Frauen gehörten dem besseren und verehrungswürdigeren Teil der Menschheit an, ist letztlich eine Abart von Rassismus und Herrentum.

Eine erste Bresche in die Festung Mutterrolle schlugen die Marxisten, als sie die Mutter als Gebärmaschine und Reproduktionsfaktor im Interesse des Kapitals für den seines Mehrwerts beraubten Mann zu entlarven meinten. Die Feministen brauchten später nur noch zu ergänzen: »... im patriarchalisch geprägten Wirtschaftssystem« und fordern nun schlicht: »Weiberwirtschaft gegen Geldherrschaft«.

Nach den Kriegs- und Beutezügen von 1914–1918 (und ein weiteres Mal 1939–1945) mit Eroberungen und Verlust des Eroberten – nur die in Frankreich geraubten und zu den Müttern in die Heimat geschickten Damenpelzmäntel blieben übrig – war es nach vier Jahren (Männer-)Massensterben aus mit Glanz und Gloria. Mit der Kapitulation des deutschen (Männer-)Reiches im Jahre 1918 und der bald folgenden (Männer-)Weltwirtschaftskrise war der Ofen bei den Männern aus. Die feministischen Suffragetten forderten jetzt mehr Frauenrechte. Beschenken ließen sich die Mütter global mit dem vom Handel (in den USA seit 1914, in Deutschland 1923) eingeführten und von Feministinnen bis heute sozusagen in Kauf genommenen Muttertag.

Bald traten der Einzelgänger Adolf Hitler und der Frauenheld Joseph Goebbels zur Rettung der deutschen Ehre aus der Versailler Schmach auf den Plan, nicht zuletzt auch zur Wiederherstellung des Rufs der deutschen Frau und Mutter, der in ihren Augen in den goldenen Zwanzigern gelitten hatte. Rettung kam von Hitler auch vor der Frauenemanzipation, einer – wie er sie nannte – »jüdischen Erfindung«, die er gleich nach der Machtübernahme kanalisierte. Freilich mußte er an die Macht erst einmal kommen. Daß er dazu von deutschen und später österreichischen Frauen mindestens ebenso häufig wie von Männern gewählt wurde und schon bald darauf besonders von Frauen umjubelt und verehrt wurde – über diese Abart einer weiblichen Rassenschande schweigt der Feminismus. Ein Kind vom Führer, dieser verträumte Wunsch vieler Frauen war trotz des im damaligen Eheleben hochgehaltenen Treuegelöbnisses erlaubt, ja ehrenvoll. Dabei hatte die NSDAP schon 1921 anläßlich ihrer öffentlichen ersten Generalversammlung – also ganz unheimlich – den Ausschluß der Frauen aus führenden Parteigremien beschlossen.

Der Emanzipation machte Hitler ein Ende, indem er die Frauen in die Küche und in die Kinderstube, weniger zwar in die Kirche, dafür aber in die NS-Frauenschaft verbannte; jedenfalls möchten es unsere heutigen Feministinnen so. Damals aber dichtete Frau Agnes Miegel zu Ehren der NS-Reichsfrauenführerin Frau Scholtz-Klink: »Laßt mit andern Schwestern heute mich kommen,/Dir zu danken für diese Jahre des Wirkens./ Dir zu danken, daß Du so weise uns alle/ Eingebaut in das Werk, das alle vereinte/ Haus, das der Führer für uns wie ein Vater erbaut hat,/ Das für uns Frauen dann Du, die Frau, so wohnlich gestaltet,/ allen zum Heil und jeder zum Segen!«[28]

---

[28] zit. nach Thalmann, Rita: Frausein im Dritten Reich«, Carl-Hanser-Verlag, München 1985

Sogar die gebildeten Frauen, die Akademikerinnen, die nun seit 1900 studieren durften, hatten vor den Trägerinnen des goldenen Mutterkreuzes Respekt. Eine Journalistin wundert sich heute zwar überhaupt nicht, daß der »Männerbund« den Frauen die »Rolle einer Gebärmaschine zugewiesen« hatte, aber – die bitteren Erkenntnisse euphemistisch verbrämend – darüber: »Und doch ... es gab eine große Anzahl von Frauen in Deutschland, die dieses Gedankengut verinnerlichten.«

Hunger und Not herrschten nach dem Ende des Krieges in dem von deutschen Männern entblößten, verwüsteten Land. Hatten die Mütter während des Krieges in – meist subalternen – Männerpositionen für die Front gearbeitet, so konnten sie jetzt ihr Selbstbewußtsein steigern, weil sie es waren, die die männerlosen Familien versorgten. Kaum aber waren die Männer, die Krieg und Gefangenschaft überlebt hatten, heimgekehrt und Wiederaufbau und bescheidener Wohlstand veränderten die Lebensbedingungen, so zogen die meisten Frauen ihren Haushalt der Plackerei im Wirtschaftsleben vor. Aufmüpfige Hausfrauenzeitschriften für die Mütter hatten trotzdem Konjunktur. Es waren aber nicht nur die Männer, die darauf bestanden hatten, in ihre Rolle als alleinige Ernährer der Familie zurückzukehren. Die Frauen unterstützten sie darin, denn alle Frauen verachteten die »Waschlappen«, die – wie die amerikanischen Männer – in der Küche das Geschirr spülten. Von den mächtigen amerikanischen Frauenvereinen wußte man ja nur, daß sie es waren, die in Hollywoodfilmen auf prüde Moral und Bildschnitte bestanden, dann, wenn es gerade spannend zu werden versprach.

Der Wohlstandsstaat der sozialen Marktwirtschaft rief viele Anspruchsberechtigte auf den Plan. Sie forderten Wiedergutmachung und Beseitigung von Ungleichheit. Feministische Agitation lehrte die Mütter, daß sie der Karriere entbehren müßten, weil die Ehemänner ihnen das Gebären und die Erziehung des

Nachwuchses allein überließen. Der Männerstaat müsse deswegen für die ausgefallene Karriere und für die Unbilden der Mutterschaft einen Ausgleich schaffen und zahlen.

Mutterfreuden eigener Art entgegenzusehen sind die Mitgliederinnen der Deutschen Hausfrauengewerkschaft daher guter Hoffnung. Sie lehnen auf ihren Kongressen jegliches Almosen ab und fordern statt dessen die volle Anerkennung des Berufs Familienhausfrau mit entsprechender Bezahlung und sozialer Absicherung. Solange die Keimzelle des Staates aber funktioniert und gebraucht wird, sollen die Ehepartner gleichberechtigt über das Familieneinkommen verfügen können. Das Kindergeld soll direkt und einzig an die – nach einer Scheidung allein erziehungsberechtigte – Mutter gezahlt werden.

Der Feminismus treibt auch die Mütter aus dem Haus. Allen fällt die Decke auf den Kopf, sie wollen für Geld arbeiten und ins Geschäft gehen, genau wie die Väter. Im Vergleich zur Mutter hat es der Vater leicht: Einkaufen muß er nicht, nicht kochen für das Kind, nicht die elektrische Waschmaschine bedienen, nicht den Staubsauger, die Geschirrspülmaschine, nicht die Tiefkühltruhe immer wieder auffüllen, nicht die Hausaufgaben des Grundschulkindes überwachen. Kaum aber stellt der Mathematiklehrer seine Anforderungen an Mutter und Kind, so muß meistens der Mann ran, um mit dem Zögling die fachliche Seite der Erziehung im abendlichen Hausaufgabenritual durchzupauken. Wo der Mann sich drückt oder zur fachlichen Unterstützung nicht in der Lage ist, kommt Nachhilfeunterricht den Teuren zugute, den ältere Schüler, Studenten und einschlägige, auch schon im *Franchising* arbeitende Institute mundgerecht und *convenient* anbieten. Jeder fünfte Schüler zwischen 12 und 17 Jahren erhält nach einer Studie der Deutschen Forschungsgemeinschaft (DFG) Nachhilfeunterricht. Jede Woche werden bundesweit 28 Millionen Mark für außerschulische Lernhilfen ausgegeben; pro Jahr fließen 1,5 Milliarden Mark in die Klassen von Lerninstituten, Privatlehrern oder älteren Schülern. An Gymnasien steigt die Quote der Nachhilfeschüler auf über 50 Prozent.

Auf dem Gebiet der gehobenen Nachhilfe kann der Mann also seine Kenntnisse an die Nachkommen weitergeben. Es fragt sich, warum er es nicht auch in der Küche tut. Denn auch da sind Frauen nur noch in Ausnahmefällen in der Lage, die Töchter – geschweige denn die Söhne – zu motivieren und anzuleiten. Daß mancher Mann als Hobbykoch tätig wird, hängt mit dem männlichen Rollenverständnis zusammen. Dazu gehört für ihn die Aneignung gründlicher Kenntnisse über (z. B. elektronische) Küchentechnik und Gerätehandhabung (z. B. professionelle Fleisch- und Gemüsemesser und artistisch anmutendes Zerkleinern von Gurken und Zwiebeln) und das Zubereiten von Speisen nach komplizierten Kochrezepten. Danach will er die Frauenküche schnell wieder verlassen, damit er nicht Gefahr läuft, sich der Lächerlichkeit durch Verrichtung niedriger Arbeiten auszusetzen; so aber nur das feministische Klischee! Zahllose Männer übernehmen nämlich klaglos den täglichen Abwasch, ohne sich in ihrer Rolle gedemütigt zu fühlen, oft sogar gegen den Willen der Frau, die sich dagegen wehrt, den Eindruck eigener Entbehrlichkeit zu erwecken.

Es nimmt wunder, daß Frauen auf den Gebieten existentiell wichtiger Wissensvermittlung so zurückhaltend sind. Sogar ein Kosmetikkurs ist oft vonnöten, weil sich zwar die Mutter während der Kindheit des Mädchens geschminkt und über das neueste *Make-up* informiert und mit Freundinnen darüber unterhalten hat; die heranwachsende Tochter hat aber wenig Ahnung von Schminktechnik und ihren Raffinessen. Kann man noch verstehen, daß eine Frau einer potentiellen Konkurrentin *partout* keinen Vorteil einräumen will, so ist es kaum erklärlich, warum auch heute noch 80 Prozent der Kinder bar jeglicher Kenntnisse über moderne Zahnpflege sind. Der Rückgang des Kariesbefalls ist ausschließlich der hochbezahlten Aufklärungsarbeit von Zahnärzten zu danken.

Sind aber die Mütter vielleicht für die musischen Seiten des Lebens zuständig? Verstehen sie es, in ihren männlich-leistungsorientierten Kindern Enthusiasmus für instrumentale Musik und Gesang, Meditation, Natur, Rosenzucht und Gartenkünste, Yoga, für Literatur, Malerei, Theater oder Kunst zu wecken, ihnen einen sanfteren Umgang mit Kino und Fernsehen beizubringen? Sind sie im Familienrahmen gar zusammen mit den Kindern als Handwerkerinnen aktiv? Können sie die Kinder das Nichtstun lehren, wie man Langeweile genießt und das Leben im Hier und Jetzt? Können sie die Neugier der Kinder fördern und in kreative Bahnen lenken, um Sinnlosigkeit und pathologische Langeweile erst gar nicht aufkommen zu lassen? Und falls nein: Werden sie von herrsch- und eifersüchtigen Vätern daran gehindert? Vereiteln Ehemänner etwa die Flucht in eine Bürokarriere und vor dem banalen Engagement für eine andere, weiblichere Kindererziehung? Bieten sie ihren Frauen zu wenig Chancen an, und machen sie ihnen zu wenig Vorschläge? Welche Taten sind es den Müttern wert zu geschehen? Genügt für tatendurstige Frauen schon ihre Betätigung im Feminismus, wo ihnen aber über die Forderung nach Besetzung männlicher Positionen durch Frauen hinaus kaum Originelles einfällt? Bringt gar das Goutieren der Frauenbewegung, der unverbindliche Glaube an eine bessere Frauenwelt, den vorher vermißten Lebenssinn? Feministinnen werden nicht müde, das geringe Prestige des Hausfrauen- und Mutterdaseins zu betonen. Daher leiden diese Frauen – wie Feministinnen nicht müde werden männeranklagend zu beteuern – permanent unter ihrer wenig anerkannten Rolle. Auch Mütter wollen deswegen berufstätig sein dürfen, eigenes Geld verdienen, unabhängig von einem Mann und in jeder Hinsicht frei sein. Nicht selten bedeutet das aber für Kinder die ungewollte Befreiung vom Vater und das Ausgeliefertsein allein an die alsbald geschiedene Mutter. Über Jahrhunderte fanden sich Frauen in der Rolle als asexuelle und opferbereite Mütter. Sie profitierten davon und litten daran. Tatsache ist, daß die sexuelle Passivstellung der Frau von den Männern ebenso gefördert wie von den Frauen geduldet wurde. Zu vermuten ist, daß der aktuelle Zustand der männlichen Psyche das Resultat unbewußter Ängste vor der übermächtigen und fordernden Mutter ist, deren – von Mutter und Sohn unbewußt erlebte – sexuelle Wünsche sowohl in der Kindheit wie im Erwachsenenalter abgewehrt werden müssen. Hinter ihrer eigenen Idealisierung konnten Mütter und Frauen ihren massiven und massenhaft begangenen Mißbrauch kindlicher und heranwachsender Knaben verstecken. Zum sexuellen Mißbrauch von Knaben zitiert *DER SPIEGEL*[29] die Leiterin des Berliner Vereins *Kind im Zentrum* Sigrid Richter-Unger: »Die Mutter als Täterin zu verdächtigen wird als Ungeheuerlichkeit empfunden.«

Der sexuelle Mißbrauch männlicher Kinder durch Frauen wird nicht zum öffentlichen Thema werden, solange die Männer die Themenauswahl zur Geschlechterdiskussion allein den Feministinnen überlassen. Die Verbrechen der Mütter werden ja erst offenbar, wenn deren mißbrauchte Söhne ein sexuelles begangen haben; aber selbst dann herrscht oft Sprachlosigkeit. Wenn männliche Erwachsene in der Mitte ihres Lebens wegen Päderastie oder Mordes vor Gericht stehen und berichten, daß sie in ihrem Leben nur ein einziges Mal oder noch nie eine Beziehung zu einer Frau gehabt hätten, ansonsten Befriedigung allein aus pornographischem Material gehabt hätten, dann ist die feministische Empörung groß; die Weste der Mütter bleibt weiß. Offenbar war es patriarchalisch-göttlicher Ratschluß, der das beziehungslose und

[29] 33/91, S. 68 ff.

asexuelle Leben des bedauernswerten kranken Delinquenten ver-
schuldet hat. Es ist aber alles eins, die Männer sind die Kehrseite
der Frauenmedaille und umgekehrt. Nichts existiert aus sich
selbst und für sich allein. Im Schöpfungsplan sind Weiße-Westen-
Trägerinnen nicht vorgesehen.

Die männliche Psyche erleidet schweren Schaden durch den
Mißbrauch des Knaben durch die Mutter. Sexueller Mißbrauch
durch Frauen erfolgt mit männlichen Opfern jeglichen Alters.
Der Mißbrauch kann durch übergroße Aufmerksamkeit für das
männliche Genital erfolgen, im Kleinkindalter oder später durch
dessen Stimulierung, genauso aber durch Schlafen im gemeinsamen Bett oder im Ehebett, durch gemeinsames An- und Aus-
kleiden und Baden, übergründliches Einseifen des Buben, in jedem Fall durch übergroße körperliche Nähe. Der Knabe wird
schnell auf den Körper der Mutter und ihre Handlungen kondi-
tioniert. Die ihm unbewußt gegenwärtige gesellschaftliche Äch-
tung jeglicher inzestuöser Praktiken zwingt ihn, mit der Mutter
eine sprachlose, verschworene Gemeinschaft einzugehen. Er
kann deswegen von ihr erpreßt und manipuliert werden.

Auch mit dem Stillen vier- und fünfjähriger und noch älterer
Kinder stillen »die weniger aggressiven weiblichen Sexualprakti-
ken eher eigene Bedürfnisse als die ihrer Kinder«, sagt die vom
SPIEGEL zitierte Hamburger Jugendpsychiaterin Charlotte
Köttgen; und wie die Autorinnen Susan Forward und Craig Buck
in ihrem Buch[30] ausführen, muß in den traumatischen Folgen kein
Unterschied bestehen zwischen übergroßer Nähe und dem nicht
selten ausgeführten Geschlechtsverkehr.

Auffällig ist die stetige Steigerung der Prozentzahlen von Söhnen, die von ihren Müttern mißbraucht wurden. Vermutlich be-

[30] Betrayal of Innocence – deutsch: Verrat an der Unschuld. zit. nach
DER SPIEGEL, ebenda

steht ein Zusammenhang mit der parallel laufenden Zunahme der Erziehungsgewalt von alleinerziehenden Müttern über ihre Söhne. Andererseits kann man sich des Verdachts nicht erwehren, daß die Gründe auch für die »normalen« Neurosen und Alltagsprobleme von schon erwachsenen Menschen, die Eigenverantwortung nicht übernehmen, heute oft bequemerweise und modisch auf einen vermuteten Mißbrauch in der Jugend abgewälzt werden.

Die Dunkelziffer liegt gerade bei Knaben erheblich höher als bei Mädchen, sei es, weil Mütter von vornherein als unverdächtig gelten, oder weil körperlicher Kontakt zwischen Mutter und Sohn als wünschenswerter angesehen wird als der zwischen Vater und Tochter, sei es, weil die mütterliche Sexualaggression sich zu gut tarnt.

Für die männlichen Opfer können die Folgen schwer sein: Schuldgefühle, Versagensängste, Impotenz, Ejaculatio praecox und andere Sexualstörungen, Suchtverhalten, Bindungsunfähigkeit, Depressionen, Suizidgefahr.

Inzest war immer ein Verbrechen, das von Göttern und Menschen schwer bestraft wurde. Die Ausübung inzestuöser Praktiken ist aber für alle Zeiten, seit es Menschen gibt, zu vermuten. Moral und Sitte einer Gesellschaft hängen ab von ihren Lebensbedingungen und den daraus resultierenden Geboten. Als notwendige Strategie für das optimale Überleben von Volksstämmen war die schwere Gewichtung des Delikts verständlich.

Der Feminismus hat aber die Machbarkeit aller Dinge zwischen Himmel und Erde auf seine Fahnen geschrieben und meint, auch die Abgründe des Menschseins in den Griff kriegen zu können. Er wird seine Maßstäbe auch gegen sich selbst gelten lassen müssen. Wer in der Gesellschaft pedantisch Ungleichheiten sucht und Gerechtigkeit und Gleichheit von Frauen und Männern auf allen Gebieten für machbar hält, muß sich selbst auf den Prüfstand stellen lassen. Das gilt auch für die Verbrechen der Mütter an ihren Söhnen.

Kinder sind den Spielen der erwachsenen Mütter nicht gewachsen und reagieren auf ihre offenen oder unterschwelligen Schuldzuweisungen schweigend psychosomatisch und mit lebenslänglichen Schuldgefühlen. Die Unfähigkeit, sich gegen die auf allen Gebieten übermächtige Mutter aufzulehnen, wird für viele Jungen später der Grund sein, daß sie sich als Männer gegenüber Frauen sexuell unsicher fühlen. Deswegen empfehlen Sexualtherapeuten solchen Männern, der Frau zuerst einmal auf anderen, alltäglichen Gebieten NEIN sagen zu lernen. Wer davor Angst hat, der sollte sich die alte Lebenserfahrung zu Herzen nehmen: »Frauen sagen JA zu Männern, die auch NEIN sagen können«.

1.4 Mord, wie er im Buche steht

Es gibt Beispiele, im Leben und in der Literatur, wo Männer aus pathologischen Beweggründen, die ihre Männlichkeit betreffen, Frauen umbringen. Der nüchterne und keineswegs ironisch gemeinte Bericht einer Journalistin über eine Autorinnenlesung liest sich dagegen so: Überschrift: »Lust an der kriminellen Energie«, dann geht es weiter im Text: »...Frauen ermorden ihre Männer – und keine bereut es. Es geht der Autorin nicht um den raffiniertesten Mord, sondern um die Entwicklung (!) der Frauen, die ihre reaktionären, verstockten Gatten aus dem Weg schaffen müssen (!), um sich endlich von ihnen emanzipieren zu können... Zuhörer fast alles Frauen... Spannend war vor allem die Geschichte ihrer eigenen Emanzipation von der Spezies ›Bruno‹ – in diesem Fall nicht durch Mord, sondern durch Scheidung. – Bruno ist überall. Bruno kann auch Ernst, Alfred oder Franz heißen und ist der notorische Lügner, der ewig Überhebliche, der Mann, der immer wieder noch an sein Recht auf unumschränkte Macht über seine Frau glaubt. – Die studierte Lehrerin (und Autorin) Sabine Deitmer, Jahrgang 1947, hat sich nach ihrer Scheidung in der Dortmunder Literaturgruppe *Frauen schreiben* vor 12 Jahren Mut zum Schreiben geholt.« Soweit der Auszug aus dem Kulturbericht. Bei Bruno handelt es sich also um den vermutlich gut verdienenden Ehemann der literarischen Mörderin. Eben um dieses guten Einkommens willen zog die Autorin vielleicht eine Scheidung dem Gattenmord vor, den sie statt dessen ebenso platt wie massenhaft in ihrer Buchphantasie auslebt.

Unter den Werken der *Frauenliteratur* finden sich unverhältnismäßig viele Pamphlete, die an Schärfe und unverhüllter Gehässigkeit gegenüber Männern, aber auch an Entstellung, Verdrehung, Lüge und unbewiesenen Behauptungen ihresgleichen auf anderen Literaturgebieten suchen. Man fragt sich, woher es kommt, daß engagierte Frauen, die schriftstellerisch tätig werden, wie die Fischweiber vom Markt loslegen. Es finden sich so viele Leserinnen, daß sich immer mehr Frauen als Mordautorinnen betätigen. In einem Fernsehinterview entrüstet sich die erfolgreiche Schreibtischtäterin Ulla Hahn über den – real existierenden – verheirateten Exfreund einer Freundin, deren Martyrium – er »hatte nie Zeit für sie« und »hielt sie hin« – sie eingestandenermaßen zu ihrem Werk mit der phantasierten und als gerecht empfundenen Strafe für den Lover veranlaßte. Es handelt sich, wie Joachim Kaiser[31] schrieb, um »eine rückhalt- und rücksichtslose Weiberphantasie vom versklavten, zum Baby und zum Balg reduzierten Liebhaber, der schweigen und hinnehmen muß.«

Noch darf man privat über ethische, philophische, juristische und moralische Aspekte einer Abtreibung verschiedener Mei-

[31] in der SZ, Nr. 124, S. 48

nung sein. Dem Slogan der Abtreibungsbefürworterinnen »Mein Bauch gehört mir!« wagt in der politisch »fortschrittlichen« Szene kaum noch jemand zu widersprechen. Die Frau als autonomes Wesen soll allein über Leben und Tod ihres Embryos entscheiden. Jede denkbare Einstellung ist natürlich vertretbar; der Stamm der Kopfjäger hat andere, keineswegs aber schlechtere Rituale und Gesetze gegenüber dem Töten von Menschen als die Gesellschaften, die millionenfaches Töten im Krieg je nach Feind- und Freundzugehörigkeit hinnehmen oder gar feiern. Wenn sich eine Gesellschaft für das Töten von Embryonen entscheidet, müssen die Menschen die Verantwortung dafür übernehmen, und das sind die Frauen, wenn sie allein über ihren Bauch entscheiden wollen.

Aber damit gibt sich die findige Frau nicht zufrieden. Es hieße ja gegen feministische Glaubensregeln verstoßen, wenn sich nicht auch da die Alleinschuld des Mannes herleiten ließe. Sogar eingefleischte Männerhasserinnen, die schon oft das Wunder erlebt haben, wie Männer es sich widerspruchslos gefallen ließen, für alles und jedes verantwortlich gemacht zu werden, werden aufhorchen, wenn sie die Unverfrorenheiten der einstmaligen Klassenliebe der Linken, Karin Struck[32] lesen. Auf 320 Seiten räsonniert, schimpft und missioniert die Autorin über *Blaubarts Schatten*, in dem heutzutage die von ihr gehaßten *Machtmänner* wirken, denen »die Kinder im Leib« geopfert werden. Jene nämlich sind es, die die militante Autorin als die allein Schuldigen ausmacht, wenn Frauen abtreiben. Aber nicht nur das: Die Machtmänner sind auch dafür verantwortlich, daß Frauen sich nach einer Abtreibung zur Betäubung des seelischen Schmerzes dem »wahllosen Sex« hingeben und auch daran, daß sie dabei weder Befriedigung noch Spaß

[32] Struck, Karin: Blaubarts Schatten. Roman, Paul List Verlag München 1991

haben. Soweit folgen ihrem Aufruf zum Kreuzzug gegen die Männer gern alle Feministinnen. Zur Feindin wird für sie Frau Struck allerdings dann, wenn sie Abtreibungsbefürworter »Fristentöter« nennt und abtreibungswillige Frauen »Terroristinnen«, und weil sie auch sagt: Die »Forderung nach Abtreibung ist der stalinistische Sündenfall der Frauenbewegung«.

Die Gesellschafts-, Sensations- und Politmagazine munitionieren die Frauen, die das Gesetz in die eigenen Hände nehmen. »Rache ist süß!« wird den Lesern suggeriert; Gewaltanwendung durch Frauen sei eine emanzipatorische Errungenschaft. »Immer weniger Frauen sind bereit, Kränkungen, Erniedrigung oder körperliche Gewalt durch Männer einfach so hinzunehmen. Sie hinterfragen so den Begriff von »Gerechtigkeit, wenn man betrogen, verlassen, mißbraucht, ausgenutzt, ausgelacht und reingelegt wird?... Abwarten? Blödsinn! Die Zeit rächt niemanden. Ebensowenig der liebe Gott oder das blinde Schicksal... Da ist Rache süßer. Archaischer, ehrlicher, schneller, besser. Wer sich nicht rächt, ist nicht gerecht.« In »sechs exemplarischen Fällen« schildert ein Blatt dann »Frauenrache« und ihre Auswirkungen. Der eine Mann wird da nackt im Wald ausgesetzt, der andere kastriert, ein Dritter ruiniert und wieder ein anderer soll »stellvertretend für viele andere miese Typen« sterben, wenn das Messer »Zickzackmuster in seinen feisten Wanst reinritzt«.

Der durch feministische Ideologie gerechtfertigte Mord an Männern findet auch im Drehbuch statt. Hollywood hat den gerechten Männerhaß der Frauen entdeckt. Strohdumme Männer werden von kämpfenden bewaffneten Frauen weggepustet. Ein wöchentlich erscheinendes Intelligenzblatt stimmt ein in den Chor der jubelnden Feministinnen, wenn es berichtet, daß in einem der neuen Frauenfilme – *Thelma & Louise* – »der Mord an einem Vergewaltiger nur der Beginn einer wundervollen Reise in die Freiheit« sei mit Schießen und Rauben. Das weibliche Publikum feiere den Film als Pamphlet für den radikalen Feminismus; durch die Artikel der Männerkollegen »schwinge« die Angst, daß die Zeit der Sexbomben vorbei sei – »im Geschlechterkampf würden echte Bomben explodieren.« In dem Bericht schwingt viel Sympathie für die lüsternen Rächerinnen mit, etwa wenn es heißt: Die vergewaltigte »Louise sagte nichts, doch ihr Zorn wurde größer. Der Mann sagte viel und war dumm«. Auch psychisch kranke *Männer* leben in einer realtitätsfernen krankhaften Wirklichkeit. Aber, berichtet das mit scharfer Munition geladene Magazin, »dumm und geschwätzig, das war sein Fehler«, für den er den Tod verdiente und der ihn auch ereilte: Louise »drückte einfach ab, schickte keine Warnung voraus, schoß dem Kerl eine Kugel in den Bauch, weil sie sein Geschwätz nicht mehr hören konnte. Und der Mann guckte so blöd, wie einer nur gucken kann, der gleich sterben wird. Und Amerikas Männer, die diese Szene auf der Leinwand sahen, schauten noch ein bißchen blöder.« Vermutlich schauten auch etliche der Leser blöde, als sie sich aus der Agitationsreportage unversehens in die satirische Männer- und Gewaltwelt des Krimi-Parodisten Carlo Manzoni versetzt sahen.

2 Feministische Politik

2.1 Strategie und Taktik

Eroberungskriege werden mit Anleihen finanziert. Der unterlegene Feind muß die Zeche zahlen. Schon gar nicht der Feminismus macht hier eine Ausnahme: »Zwei Dinge müssen wir aus der Männerwelt übernehmen: zielgerichtete Organisationsformen und strategisches Denken. Wenn wir das tun, wird der Feminismus ein Inselreich, ein starkes Land, auf das mit Achtung gehört wird.«[33] Wäre es nur das, was die Frauen aus der Männerwelt übernehmen und für sich erreichen wollten! Die Übernahme der zwei Dinge aus der Männerwelt aber sind nur die Basis für das Langzeitziel feministischer Strategie: Verdrängung der Männer aus den nicht zuletzt mit Hilfe der zwei Dinge geschaffenen Lebensbereichen. Am Tod des Patriarchats arbeiten die Feministinnen konsequent und stetig. Das Erbe lockt.

Analog dem mittelalterlichen Teufelswahn wurden vor nicht langer Zeit die Amerikaner, die *CIA*, für alles verantwortlich gemacht, was nicht ins linke Weltbild paßte. Heute richtet sich der feministische Wahn auf den Nachweis einer Männerkausalität für alles Schlechte, was die Sehnsüchte der Frauen nach der heilen Welt stört. *Cherchez l'homme* heißt die neue Devise. War es einst der militärisch-industrielle Komplex, der allgegenwärtig Ränke schmiedete, so ist es nun der feministische, durch dessen Existenz die These von der Allmacht des Patriarchats erst erklärbar wird.

[33] de Groot/Ter Veld: a.a.O.: S. 207

Wie Clausewitz[34] vor 200 Jahren postulierte, ist der Krieg »nichts als ein erweiterter Zweikampf«. Das Ziel eines jeden Krieges sei die Vernichtung des Gegners oder das Erreichen eines Kriegsziels, das seiner Vernichtung entspricht. »Jeder sucht den anderen zur Erfüllung seines Willens zu zwingen; sein nächster Zweck ist, den Gegner niederzuwerfen und dadurch zu jedem weiteren Widerstand unfähig zu machen.« Kampf gegen einen Feind bedarf keiner Theorie. Eine Ideologie tut es auch. Zur Rechtfertigung des Kriegs genügt ein emotionalisierendes Motto, am besten eine *Ismus*-Ideologie, die das Kriegsziel heiligt. Vom Krieg gegen den Feind Mann lebt der Femin*ismus*. Der Feminismus ersetzt den Nationalismus; Haß auf das Patriarchat tritt an die Stelle von »Nationalhaß, der bei dem einzelnen die Stelle der mehr oder weniger starken individuellen Feindschaft (vertritt)... Wo anfangs keine Erbitterung war, entzündet sich das feinselige Gefühl an dem Kampf selbst«.[35]

Im Bürger(innen)krieg wie im Religionskrieg, im Kampf um die Durchsetzung einer Weltanschauung, regieren vorwiegend Haß und mißgünstige Emotion und Habgier. Semantisch hat Krieg ja mit *kriegen*, im Mittelhochdeutschen *strebend erlangen*, sich *anstrengen*, umgangssprachlich *bekommen* zu tun. Wer etwas (ohne Arbeitsleistung im engeren Sinne) kriegen will, muß es einem anderen abnehmen oder ihn auf andere Weise veranlassen, es freiwillig oder unter Druck herauszugeben. Wer die Macht kriegt, kann herrschen und beherrschen und sich nehmen, bekommen, beanspruchen, verlangen, es sich aneignen, an sich raffen, sich seiner bemächtigen, endlich auch mal den Kragen voll-*kriegen*. So bewahrheitet sich im Kampf gegen Männerherrschaft noch einmal die zynische Wahrheit des deutschen Nationalbol-

34 Clausewitz, Carl von: Vom Kriege. Weltbild Verlag 1990 S. 17
35 Clausewitz: a.a.O., S. 97

schewiken und Widerständlers gegen Nationalsozialismus und Stalinismus Ernst Niekisch, wonach jede Revolution nach der Devise ablaufe: »Stehe du auf, damit ich mich setzen kann!«

Für viele Feministinnen wäre die Revision des Feindbildes Mann oder ein Verzicht auf den Kampf der wirtschaftliche Ruin, da sich von ihm (und nicht selten genug: nur davon) gut leben läßt. Deswegen ist der Mann der erklärte Feind, auf den zu verzichten sich keine Aktivistin erlauben kann; ihr Selbstverständnis und ihre Existenzgrundlage gerieten in Gefahr. Die beherrschende Stellung der Aktivistinnen wird durch ihre allumfassende Präsenz in Gremien, ihre Mitarbeit in Medien und Politik gefestigt und reproduziert. Ihre maßgebliche Berufsqualifikation besteht oft nur in ihrer Zugehörigkeit zum weiblichen Geschlecht. Sie zögern nicht, jedes strategische und taktische Mittel einzusetzen, das sie ihrem Ziel, dem Triumph über den Mann, näherbringen könnte. Für den Sieg muß auch vom Fußvolk der Einsatz der ganzen Person verlangt werden: »Frauen dürfen nicht ruhen, bevor nicht in der Gesellschaft feministische Ideologie verwirklicht ist.«[36] Der Einsatz soll rastlos sein: »Wenn der nächste Schritt gelingt, sind wir zufrieden, aber nicht für lange.« Da die Zitate aus einem *niederländischen* Strategiebuch des Feminismus[37] stammen, liegt die Assoziation zu den Ehefrauen kolonialistischer Handelsherren nahe, die über Jahrhunderte kräftig davon profitiert haben, daß ihre patriarchalischen Männer nicht ruhen sollten, bis im letzten Eingeborenendorf europäische Zivilisation und christliche Religion und eine holländische Handelsfaktorei eingezogen waren. Heute sind es die Feministen, die nicht ruhen

---

[36] de Groot/Ter Veld: a. a. O., S. 26
[37] de Groot, Lidwi und ter Veld, Elske: Mut zur Strategie. Wie Frauen in der Öffentlichkeit zielbewußt handeln können. Handbuch. Verlag Frauenoffensive Frankfurt 1986

wollen, bis im letzten Dorf der dritten und vierten Welt Tradition und Sitte zerstört und feministische Ideologie verwirklicht ist, was nichts anderes heißt als: bis alles so ist, wie es die Strateginnen unverblümt fordern: »Es muß etwas geben, das es noch nicht gibt, es muß mehr geben von dem, was es schon gibt, es muß etwas aufhören oder verschwinden«[38].

Mit kleinen Schritten geben sich die holländischen Strateginnen ebensowenig zufrieden wie mit kleiner Münze. Deswegen haben sie es auch geschafft, das Strategiebuch für den Kampf gegen das Patriarchat von eben diesem finanzieren zu lassen. »Die beiden Autorinnen arbeiteten an der niederländischen Bildungsstätte *Frau und Politik* am Institut De Beuk, vom Ministerium für Arbeit u. Soziales finanziert. In der zweijährigen Teilzeitausbildung für Frauen, die Politik im feministischen Sinn beeinflussen wollen, wird der Theorie der politischen Einflußnahme und den dafür notwendigen Fertigkeiten besondere Aufmerksamkeit geschenkt.« Die überall angebotenen Schulungsmaßnahmen lohnten. Viele Gruppen strebten bald nicht mehr die Zusammenarbeit mit Männern an, lehnten sie sogar ausdrücklich ab.« Manche »kurzsichtigen« Frauen brachten den »egoistischen« Einwand: »Den Männern ginge es schließlich auch nicht so gut.« Insgesamt zeigen sich die Autorinnen zufrieden, daß solche Betrachtungsweisen sich nicht durchsetzen konnten.

Man fragt sich trotz der Tatsache, daß die Niederländer für ihre stupende Toleranz auf allen Lebensgebieten bekannt sind, warum von dem doch ›männlich dominierten‹ System die Demontage der Männer gefördert wird. Sind sie so naiv, um nicht zu merken, was gespielt wird? Ist es die lange radikaldemokratische Tradition der Niederländer, die ihre Männer progressiv um jeden Preis macht? Oder was könnte es sonst sein? Wieso berief die niederländische

[38] a. a. O.: S. 26

Regierung eine Emanzipationskommission und eine Staatssekre-
tärin für Emanzipationsangelegenheiten, Einrichtungen, die –
wie die Autorinnen stolz betonen – »selbstverständlich... in der
Frauenbewegung zu anderen, über die Gleichheitsideologie hin-
ausgehenden, Zielsetzungen und Aktivitäten (führten)?«
Wem nützt es? Das ist auch hier die Frage. Die Autorinnen
machen keinen Hehl daraus, in wessen Fahrwasser sie zu neuen
Ufern aufbrachen: »Vornehmlich die Gleichberechtigung außerhalb der Familie paßte in die soziale und ökonomische Situation
der sechziger Jahre, einer Zeit mit angespanntem Arbeitsmarkt,
dringendem Arbeitskräftebedarf der Wirtschaft. Der Vorsitzende
des niederländischen Unternehmerverbandes sagte, unsere Wirtschaft drohte zusammenzubrechen, wenn Frauen nicht in großer
Zahl auf den Arbeitsmarkt drängten... Der damalige Minister-
präsident Joop den Uyl sagte 1973 in seiner Antrittsrede: ›Nun,
da sich auch die Auffassung über die Familie verändert und die
Frau auch außerhalb der Familie menschliche Befriedigung sucht
und finden soll, muß das Klima geschaffen werden, in dem ihr
Chancen – gleiche Chancen – gegeben werden. Es geht dabei um
die Befreiung der Frau aus den ihr auferlegten Beschränkungen.‹«
Also um die Befreiung der Frau geht es, sollen die Bürger glauben.

Nicht besser hätte es Uylenspiegel, der Narr, ausdrücken können, der die Menschen zu seiner Zeit auf den Arm genommen
hatte. Ähnliche Reden wurden und werden von Politikern in der
gesamten industrialisierten Welt gehalten. Dankbarkeit für die
Unterstützung der nach weiblichen Arbeitskräften lechzenden
Wirtschaft wurde ihnen nicht entgegengebracht, denn viele Feministinnen wandten sich mit linken Argumenten gegen das kapita-
listische System und konzentrierten sich auf sozioökonomische
Aspekte: »So wird die Frau einerseits vom männlichen Verdiener
des Lebensunterhalts abhängig gemacht, andererseits sorgt sie
dafür, daß der männliche Ernährer ausgeruht, genährt und geklei-

det seine Arbeitskraft dem Arbeitgeber wieder anbieten kann. (Die) geschlechtsspezifische Arbeitsteilung ist nicht durch die Vater- und Mutterrolle festgelegt, sondern wird vom Wirtschaftssystem bestimmt.«[39]

Die Herausgeberinnen des *Hexengeflüster*[40] zitieren im Jahr 1975 Strategie und Taktik des Feminismus in den USA, denen er heute weltweit folgt:»Unsere offensive Strategie findet an zwei Fronten statt: Wir müssen soviel wie möglich über unseren Feind lernen und damit anfangen, das System, das wir zerstören wollen, zu untergraben; und wir müssen neue Formen und Einrichtungen schaffen, die unsere Bedürfnisse erfüllen und unsere Ideale weitertragen. Ein großer Teil unserer Stärke liegt in der Tatsache, daß wir innerhalb dieses Rahmens auf vielen Ebenen gleichzeitig arbeiten ... Wir halten Verbindungen mit anderen Frauengruppen aufrecht, die daran arbeiten, Veränderungen zu erzwingen und eine feministische Revolution zu schaffen. Wir erforschen die Arbeit von Institutionen und Individuen, die die patriarchalischen Strukturen festigen, in denen wir leben.«

Die Feministinnen fahren in Strategie und Propaganda mehrgleisig und argumentieren doppelzüngig: Einerseits benützen sie die Institutionen des bekämpfenden Patriarchats und lassen sich vom Männerstaat ihre Wühlarbeit finanzieren. Sie propagieren den Kampf gegen die Männer und rechtfertigen ihn auf der anderen Seite als»Vorwärtsverteidigung in dem angeblich von den Männern geführten »Krieg gegen die Frauen«, in dem sie sich wider Willen ihrer Haut wehren müßten, aber wiederum zur gerechten »Frauenoffensive« überzugehen gezwungen wären. Sogar ein

[39] de Groot/ter Veld, a. a. O., S. 15
[40] Hexengeflüster. Hrsg. Frauenzentrum Berlin: ›Die rasenden Höllenweiber‹. Frauenselbstverlag 1975, Druck: Movimento. Versand: Maulwurf-Buchversand, S. 18

47

ganz bürgerlicher Verlag teilt in einem Inserat lakonisch mit: »Marilyn French, eine der bekanntesten und erfolgreichsten Autorinnen der zeitgenössischen Frauenliteratur, beweist (!) in ihrem Buch eine provokante These: Es herrscht Krieg in unserer Gesellschaft, ein Krieg, den die Männer gegen die Frauen führen und der alle Bereiche unseres Lebens erfaßt hat.« Die Tatsachen werden verdreht. Mag ja sein, daß der als »Feind« ins Visier genommene Mann die Frauen unterdrückt, aber er führt nicht Krieg. Krieg kann nur anfangen, wer einen bisherigen Zustand verändern will. Das aber sind die Feministen! Krieg führen die Feministinnen gegen die Männer! Es wird einfach alles auf den Kopf gestellt, in der Hoffnung, es würde den Schmäh schon niemand bemerken! Sie wollen auf der einen Seite die Männer aus der Gesellschaft ausgrenzen und erklären sie zu unerwünschten Personen auf ›befreitem‹ Frauenterritorium: Frauenzentren, Frauenbuchläden, Frauenhäusern, Frauencafés, Fraueninstituten; auf der anderen Seite behaupten sie naßforsch, die Männer würden Krieg gegen die Frauen führen. Richtig ist aber: Krieg, Bürgerinnenkrieg, Guerillakrieg, Verdrängungskrieg führen allein die Frauen gegen die Männer. Das Recht dazu soll ihnen nicht bestritten werden, aber die Verantwortung für die Folgen ebensowenig.

Während der alltägliche Feminismus in den Schlachten um Positionen die Männer über die Medien mit Trommelfeuer belegt, lassen die Ideologinnen die liebe Herrgöttin eine gute Frau sein, wenn sie davon fabulieren, daß die »Position eines militanten Feminismus« nun verlassen sei. Die Autorin Marilyn Ferguson zitiert Patricia Mische mit der Monographie *Women and Power:* »Anstatt ein Stück von dem Kuchen, den die Männer die ganze Zeit für sich besaßen, zu verlangen, sollten wir versuchen, einen ganz anderen Kuchen zu backen.« Sie selbst fährt fort: »Der Sache der Menschheit ist mit der Einverleibung von immer mehr Frauen in eine im wahrsten Sinne des Wortes von den Männern erschaffene Welt nicht gedient. Es ist eher so, daß Frauen und Männer zusammen eine neue Zukunft schaffen können.« Nach diesem Schnee von gestern (1982) hetzt French – ganz im Stil von Margarete Mitscherlich – nun 1992: »Menschen sind die einzige Art, in der das eine Geschlecht Jagd auf das andere macht... die Männer behaupten, (sie) würden von Natur aus dazu getrieben, Frauen zu versklaven, zu mißbrauchen, zu beherrschen... Nach Jahrtausenden endlich schlagen die Frauen an allen Fronten zurück.« Die Greuelpropaganda ist noch nicht auf ihrem Höhepunkt angelangt, davon kann man ausgehen.

Nicht nur bei der pharisäerhaften Rechtfertigung ihres ›gerechten‹ Krieges, auch sonst haben Feministinnen von den Bossen der holländischen Handelsniederlassungen, aber auch von den politischen Befreiungsbewegungen unserer Tage im südostasiatischen Raum gelernt. Waffen und Brückenköpfe für die Führung ihres Kleinkrieges – Mandate, Forschungsprojekte, Ausschüsse, Zuschüsse, Fonds, Medien, meinungsmachende Multiplikatorinnen-Positionen und einflußreiche Posten, Geld – werden vom Feind Mann erbeutet. Beim Bauernlegen waren die Handelsherren Meister, und so wie der *Vietkong* den Reisbauern zuerst einmal uneigennützig beim Brunnenbau half, um sie zunächst für sich und danach von ihnen Steuern einzunehmen, so sind die feministischen Kader aktiv bei Zielgruppen, die ihrer Ideologie bisher nicht zugänglich waren. Wenn es z.B. darum geht, bei ausländischen Frauen, besonders Türkinnen, Fuß zu fassen, und sie gegen ihre Männer aufzubringen, sieht die Nadelstich-Taktik so aus[41]:

»Das Bedürfnis nach Positionsverbesserung im feministischen Sinn ist bei dieser Zielgruppe nicht vorhanden. Eine Möglichkeit, das Aktionsziel dennoch zu realisieren, besteht im Aufgreifen

---

[41] de Groot/ter Veld, a.a.O.: S. 118

eines tatsächlichen Bedarfs (z. B. Nähkurse für ausländische Frauen), um dann schrittweise über die Mitbestimmung bei Aktivitäten (in der Nähgruppe) die unterschwellige Unzufriedenheit der Frauen und ihr Bedürfnis nach Änderung auf den Tisch zu bringen.« Es wird dann beklagt, daß das mit feministischer Ideologie schwer vereinbar ist, weil die ausländischen Frauen ja deswegen nähen lernen wollten, um für ihren Mann begehrenswerter zu sein, und damit er öfter zu Hause bleibe. Der Nähkurs würde dann eher rollenverstärkend wirken. Die Verfasserinnen sehen auch, daß solche »im übrigen offene Strategie«, bei der, um es offen zu sagen, die Zielgruppe nach Art der Kaffeefahrtenveranstalter manipuliert – um nicht zu sagen: hereingelegt – wird, »einige dunkle Ecken« hat. Für diesen Schönheitsfleck wissen die Autorinnen keine befriedigende Lösung, ohne daß sie aber deswegen auf die Empfehlung solcher Strategien verzichteten. Mit ihrer atomistischen Sichtweise nehmen sie auch die Zerstörung der türkischen Multi-Kultur in Kauf, zu der bis heute halt nun mal auch die Familienehre und das türkische Patriarchat gehört. Sie möchten die Kultur der Zuwanderer anpassen und einebnen zu Folklore und Kebab-Stand beim Stadtteilfest und hoffen auf den gutgläubigen Re-Export in die Heimatländer ihrer übertölpelten Schäfchen.

Besonders aber im Auge haben die Aktivistinnen die noch kampfunwilligen Mitläuferinnen, die es zu rekrutieren gilt. »Wo sind gute Frauen zu finden?« ist nicht die Frage verzweifelter Männer, sondern ein ständiges Problem von Aktivistinnen, die weitere »Initiativgruppen« gründen wollen. Dazu lernen sie, daß auch hier stimmt: »Das Klassenbewußtsein entsteht erst in der Aktion... Also erst streiken, dann Sozialist/in werden.«[42] Weil ja angeblich alle Frauen in einem Boot sitzen, soll der Feminismus

---

[42] de Groot/ter Veld, a. a. O.: S. 108

das Klassenbewußtsein ersetzen. Zu Apo-Zeiten hoffte man noch, daß die Polizei es den unpolitischen Mitmarschierern schon einprügeln werde. Jetzt geben die Heilslehrerinnen als Missions-Parole aus, daß das *richtige* Bewußtsein sich durch die von ihnen vorkalkulierten Folgen schon von selbst einstellen werde. Fürchtet der moslemische Ehemann oder der Bruder eines türkischen Mädchens erst einmal um die Familienehre und wird er dann hoffentlich rabiat, dann ist es bis zum Einzug der Frau ins Frauenhaus nicht mehr weit. Der Kampf in den Metropolen eröffnet so Aussicht auf Veränderung in einem der vielen feministischen *Vietnams,* die es zu schaffen gilt.

Auch der Frauenkrieg geht ums Habenwollen, um Besitz, Macht, Einfluß, Geld. Rationalisierend werden – wenig originell – die Interessen der Menschheit vorgeschoben. Carl Schmitt, der große Nationalökonom, sagt aber: »Wer Menschheit sagt, will betrügen.« Und Alexander Mitscherlich[43] ist sich mit Marx und Engels und vielen anderen einig: »Jene Tragödie, die von der neidvoll rivalisierenden Aggression gespeist ist, die uns so vertraut ist, weil sie bis in die verborgensten Winkel unserer Sozialwelt eindringt, (beginnt) erst mit der Entwicklung des Besitzes«. Die männlichen Territorien werden von Frauen begehrt und umkämpft. Während die Männer sich mit Propagandahypothesen vom ›postfeministischen‹ Zeitalter einlullen lassen, werkeln die Feministinnen und ihre ›vorgeschobenen Frauen‹ in den Parlamenten und Ministerien und in den Medien unbeirrt und erfolgreich an der männerfeindlichen Umgestaltung der Welt weiter. Die Strategie ihres Marsches durch die Institutionen und Instanzen geht auf. Druck auf den Feind, um an den kriegsnotwendigen Nachschub zu kommen, ist kaum nötig, denn der Feind Mann ist kooperativ und servil und – wie die feministischen Autorinnen

---

[43] a. a. O., S. 22

Schlaffer und Bernard[44] fast bedauernd bestätigen –»konstruktiv und nie wirklich böse«.

Das ersehnte Ziel feministischer Strategie ist nur eine Kleinigkeit, nämlich der Austausch zweier Buchstaben: *M* statt *P*. Angestrebt wird die Allmacht des *M*atriarchats statt der des phantasierten, strategisch aber perfekt vermarkteten *P*atriarchats. *M*ama soll jetzt *P*apas Platz einnehmen. Das Ziel, die einfache Umkehrung des kleinen Unterschieds, wird mit Konsequenz, kaltem Kalkül und Hartnäckigkeit verfolgt. Wenn einer speziellen – beliebig auslegbaren –›Frauenförderung‹ grundgesetzliche Bedenken entgegenstehen, muß eben das Grundgesetz geändert werden! Weil der 64-köpfigen Verfassungskommission nur elf Frauen angehören, forderten die SPD-Bundestags-Frauen[45], den »Druck von außen auf die Kommission zu verstärken«, damit die von der »1948er Männerkongregation« erarbeitete Verfassung feministischen Zielvorstellungen angepaßt wird. Die Berufsfrauen gehen offenbar davon aus, daß Fachleute vorwiegend geschlechtsspezifisch entscheiden, und sie verraten dadurch etwas von ihren eigenen Absichten. Wer *expressis verbis* eine andere Einstellung hat als die Feministinnen, soll als voreingenommen gelten und über feministische Ziele nicht urteilen dürfen. So warf auch die versuchte Einflußnahme zweier SPD-Frauenministerinnen auf die Zusammensetzung des über die Normenkontrollklage zur Fristenlösung entscheidenden Bundesverfassungsgerichts ein bezeichnendes Licht auf ihr Selbstverständnis und ihre Meinung von der Unabhängigkeit eines höchsten Richters und seiner Loyalität zum Gesetz. Es wird aber nicht durch die beiden männ-

---

[44] Bernard, Cheryl und Schlaffer, Edit: z. B.: Laßt endlich die Männer in Ruhe! Rowohlt Verlag Hamburg 1991

[45] auf der Tagung ihrer ›Querschnittsgruppe Gleichstellung von Mann und Frau‹ in Frauenchiemsee im August 1992

lichen, angeblich antifeministisch vorbelasteten Richter das Vertrauen in den Rechtsstaat erschüttert, sondern die Vertrauenswürdigkeit der Ministerinnen und ihre Loyalität gegenüber der Gerichtsbarkeit und dem Recht stehen zur Debatte. Der bisher brav an die Göttin Justitia glaubende Bürger kann da nur erschrocken zur Kenntnis nehmen, daß an amerikanischen Universitäten die ideologisierten Lehrstühle für *Law and Feminism* längst eine Selbstverständlichkeit sind.

Die Frauen von der SPD sagen, daß sie sich auf die Konsensfähigkeit ihrer mit persönlicher Abwesenheit von der Querschnittsgruppentagung taktierenden CDU/CSU-Schwestern verlassen könnten. Es werden Forderungen aufgestellt, die nicht von schlechten (alleinerziehenden) Eltern sind: Ins Grundgesetz soll eine Frauenquote aufgenommen, außerdem die staatliche Pflicht zur Frauenförderung (auf ewig) verankert werden; dazu das Recht auf Frauenarbeit, Frauenwohnung, Frauenselbstbestimmungsrecht über den Embryo, freier Zugang zur Armee und allen anderen Berufen. Um die neue Bewußtseinsbildung zu fördern, müsse das Grundgesetz in der Sprache stets Mann und Frau getrennt aufführen. Es sollen Steuergeldhähne geöffnet werden, an denen vorwiegend Frauen sich laben dürften. Männliche Parlamentarier waren übrigens auf der Frauenchiemseer Querschnittsgruppentagung kaum zu sehen. Nicht so zurückhaltend ist dagegen die Bundesfrauenministerin Angelika Merkel (CDU); sie fordert die Frauen dazu auf, den Druck von außen zu verstärken, um die Gesetzesänderungen voranzubringen.

Das Strategiehandbuch[46] für Frauen, »die im öffentlichen Leben Einfluß ausüben wollen« gewährt dem Leser einen Blick in die faszinierende Schule der Frauen von heute. Wer eine Ellenbogenkarriere in der Wirtschaft oder Politik anstrebt und keine

---

[46] de Groot/ter Veld: a.a.O.

Skrupel hat, kann dazulernen. Mit Kleinigkeiten wollen sich die Karrierefrauen nicht bescheiden, gleich geht es um den Einfluß auf Abgeordnete. Angeblich entspricht die »Atmosphäre von Feilschen, eine Hand wäscht die andere usw. kaum feministischer Auffassung.« Eine zitierte Frau mit politischer Funktion »findet diese informellen Kreise einfach schlecht«. Der Leser erwartet jetzt die konsequent ablehnende Reaktion der besseren Hälfte der Menschheit; statt dessen aber folgt die altbekannte jesuitische Heuchelei: »Aber ich kann mir nicht erlauben, nicht mitzumachen. Wenn ich nicht daran teilnehme, entgehen mir die Möglichkeiten der Information und Beeinflussung.« Hier stellt sich eine schon den *Persilschein* aus, noch ehe die Bewegung angeklagt ist.

Der Lobbyist wird nicht nur als nützlicher Idiot beschrieben, er hat auch einiges zu bieten, nämlich: Informationen, Organisation von Dienstreisen, Anwesenheit als »*stand-by*« (Claqueur, Provokateur). Bei der Lobbyarbeit komme es im wesentlichen darauf an, »Informationen im richtigen Moment auf eindringliche Weise weiterzugeben«. Wie aber wird man eindringlich, wenn man nicht immer Eigenes zu sagen hat? Der Lobbyist kann auch da helfen durch »Ausformulieren eines Konzepts« (die Frau von heute sollte sich neben dem Lover, Kultur- und Tanzfreund und Handwerker also auch noch einen kostenlosen *ghostwriter* halten). Wer aber eine Geisterschreiberin gerufen hat, wird sie nicht mehr los; und wer am Ende wen wofür benützt, das ist die Frage! Wenn sie die Tatsache wenigstens ihrer *realen* Verdrängung ernst nähmen, würden Politiker und betroffene Männer die angepriesenen Strategiemodelle und Methoden einmal nachlesen[47]: Das Schneeballsystem (von Initiativgruppe zu Gruppen und Personen); die Halbmondstrategie (Druck auf sympathisierende Gruppen, von dort auf den Gegner); der verkürzte Halbmond

[47] de Groot/ter Veld: a.a.O., S. 112ff.

(Mobilisierung von Politikerinnen über ihre feministisch aufgeschlossenen Basisgruppen) usw. Es wird den Aktionsgruppen empfohlen, sich jeweils zu überlegen:»Auf welchen Gebieten ist die Gegenpartei empfindlich und gegen was?« Was das heißen soll, erfahren wir im Kapitel »Macht durch Sanktionen«. Wer darüber verfüge, habe die Macht. Sanktionen müßten nur verfügbar sein, brauchten gar nicht angewendet zu werden, aber jedermann müsse um ihre Existenz und ihre Gefährlichkeit wissen. Zu den positiven Sanktionen gehörten: Belohnung, Lächeln, Achtung, Würdigung, Wertschätzung, Ansehen, Zuhören, Geldzuwendungen. Unter positiv angewandter Macht kennen die Strateginnen: Streiks, Demos, TV-Sendungen über Mißstände und Mißbräuche, Gleichstellungsstelle, Frauenbeauftragte, Frauenrat. Der Katalog der negativen Sanktionen ist umfangreicher und umfaßt:»Strafe oder Strafandrohung, Verweigern von Nahrung oder Unterkunft, Entzug sexueller Befriedigung, Ausstoßen aus der Zugehörigkeit, Mißachtung, Entzug von Freundschaft und Liebe, von Geld und Macht... Sanktionen sind am effektivsten, wenn sie nicht nur unangenehm für die Gegenpartei sind, sondern auch die eigene Macht vergrößern... Sanktionen müssen nicht sofort ausgeführt werden. Die Androhung kann ausreichen.« Die »Zielscheibe (!), der Gegner, (kann) gekauft (werden) durch Verzicht auf Sanktionen«. Darüber hinaus werden noch aufgelistet »Pressionen«, mit denen dem Gegner etwas abzuzwingen ist: die Drohung, empfindliche Punkte zu treffen, zum Beispiel Publikationen, Mobilisieren der öffentlichen Meinung, Gegner unter Druck setzen, Waren- oder Personenboykott. Als Kampfmethoden einer Sektenreligion provozieren solche Empfehlungen andauernde Empörung!

Ebenfalls als effektiv wird empfohlen:»Auf die Nerven gehen. ... Anrufen. Briefe schreiben. Bei öffentlichen Anhörungen immer wieder den gleichen Punkt vorbringen.« Und:»Zusammenarbeit auf anderen Gebieten unterbrechen.« Oder: »Die Gegenpartei an der Ausführung ihrer Aktivitäten hindern: Durch ständiges Telefonieren die Leitungen besetzt halten. Öffentliche Versammlungen der Gegenpartei besuchen und die Mikrophone monopolisieren, damit der Gegner nicht zu Wort kommt.« Die *Marxistische Gruppe (MG)*, berüchtigt für das Verhindern jeder unerwünschten Diskussion durch eigene Dauerreden, stand offenbar hier Patin.

Zwar soll über eine sture Gleichstellung von Mann und Frau die erst wahrhaft demokratische Gesellschaft fabriziert werden; die »Mitgliederinnen eines Kollektivs« werden aber davor gewarnt, »Gleichheit die Norm« werden zu lassen durch die Vermengung der Begriffe »Gleichheit« und »Gleichwertigkeit«. Es bestünde dann die Gefahr, daß die »Stützgruppe« enttäuscht sei, wenn »*vorgeschobene* Frauen, die eine eigene Position innerhalb des Machtgefüges ihrer neuen Umgebung« errungen haben, nicht mehr dem Ideal eines Kollektivs entsprächen, das die im Buch zitierte Renate Dorrestein so beschreibt: »Hier haben wir es mit einer Situation zu tun, worin wir zum Ausdruck bringen, wie die Welt aussehen soll. Eine Welt von Gleichheit und Harmonie, in der *Sein* wichtiger ist als *Tun,* in der es keine Herren und keine Knechte gibt«.

Zunächst aber sollen insgeheim verbündete Frauenkreise »ihre Eigeninteresen selbst erkennen« und »nachweisbare Vorteile (Geld, Position, Entfaltungsmöglichkeiten) bieten, aber auch den Wunsch nach mehr Selbstwertgefühl« erfüllen, und alle sollen sich merken: »Eine Frau wird leichter mobilisiert werden können, wenn sie selbst direkte materielle Vorteile erwarten kann...«

Aktionsstrategien, welche die direkte Gewaltkonfrontation noch scheuen, sind:

- »Schaufenster von Pornoläden anstreichen
- Paragraph 218-Demonstrationen
- Denkschriften
- proletarisch Einkaufen (Klauen bei Bedürftigkeit/Arbeitslosigkeit)
- Kußaktionen lesbischer Frauen
- Schwarzbuch über Gynäkologen herausgeben
- Unterschriftensammlung
- Regierungsmitglieder mit Farbe bewerfen   .
- offene Briefe an die Presse
- ›lieber lesbisch‹ an die Wände sprühen«.

Die strategischen Tricks, wie man als arme Stadt- oder Landmaus an den Speck kommt, die Pläne zum Umsturz der bestehenden Gesellschaftsordnung, wie sie konspirative Gruppen im *Samisdat* nur in persönlich unter der Hand verteilten hektographierten Papieren zu sagen wagten, verbreiten die Feministinnen ungeniert in ihren zu exterritorialen Tabuzonen erklärten Buchläden und Zentren, aber auch ganz öffentlich. Eine Steuerfahndung, eine polizeiliche Razzia gar in einem beliebigen Frauenladen wäre so etwas wie der *casus belli.*

Damit das Skelett der Empfehlungen auch mit Fleisch gefüllt wird, schieben die Autorinnen einen Bericht über eine Lippenbekenntnisaktion ein, der hier wiedergegeben werden soll: »Die städtische Lesbengruppe erkämpft zunächst einen Platz im Schwulenzentrum. Externe Zielsetzung: Sprühaktionen an Hauswänden: ›Lieber lesbisch‹. Hand in Hand gehen über den Marktplatz.

Küssen in der Straßenbahn; bei Reaktion in Diskussion einsteigen.«

Die so interessant dargestellte Kußaktion in der Trambahn kommentieren die Autorinnen dann aber so: »Dabei kam aber wenig heraus, weil die gewählte Fahrstrecke so kurz war.«[48]

Es bleibt jeder vorgeschobenen Frau und Politikerin überlassen, ihre Position im feministischen Machtspiel selbst zu erkennen und zu überprüfen, nach welcher Strategie sie an- und eingemacht, manipuliert oder umgedreht worden ist, und ob sie überhaupt noch frei entscheiden kann, ohne sich tödlichen Sanktionen für ihre Karriere auszusetzen. Wählern, Partei- und Parlamentsmitgliedern könnte es nicht schaden, die Volksvertreterinnen und -vertreter daraufhin abzuklopfen, inwieweit jene für feministische Strategien arbeiten, egal ob bewußt oder manipuliert.

2.2   Der totale Propagandakrieg

Im Krieg darf nach altem Brauch gelogen werden. Der Kriegs- und Greuelpropaganda wird eine wichtige Funktion zugemessen, deren Nutzen erst nach dem Ende des jeweiligen Krieges hinterfragt wird. Im Bürgerkrieg neigen die Parteien dazu, den Gegner mit besonders abgefeimten Taten und Methoden zu demütigen; man kennt den Feind aus der Nähe, seine Schwächen und Verwundbarkeiten und weiß ihn subtil oder vernichtend zu treffen. Auch im Ehe- oder Scheidungskrieg bieten sich intimste Kenntnisse vom anderen zur Verleumdung, Demütigung und Erpressung an. Im Frauenkrieg, dem feministischen Verdrängungskrieg, im propagandistischen Hauen und Sticheln gegen die Männer, ist es nicht anders. Das Ziel, den Sieg zu erringen, rechtfertigt die Mittel. Hauptsache, es verletzt und schadet dem Feind Mann.

[48] de Groot/ter Veld: a.a.O., S. 27

Zwar wurde seit Jahrzehnten kaum eine Feministin im Kampf lädiert oder als Kämpferin von Polizisten verprügelt oder eingesperrt. Trotzdem reden und schreiben sie weiter vom heroischen Kampf gegen das Patriarchat. Der Kampf der Heroinen, die *per definitionem* ja nur die *Darstellerinnen* einer Heldenrolle auf der Bühne sind, besteht im wesentlichen aus Propaganda, Schleichwerbung und Schreibtischarbeit für feministische Ideologie.

Kaum bemerkt von den als Opfern anvisierten Männern haben es die Drahtzieherinnen verstanden, auf allen Gebieten öffentlicher Meinungsbildung und -verbreitung ein vielmaschiges und gut funktionierendes Netz zu spinnen. Multiplikatorinnen feministischer Ideologie sind insbesondere Künstlerinnen, Politikerinnen, Schriftstellerinnen, Gewerkschafterinnen, Medienmacherinnen, Professorinnen, Berufsfrauen und – natürlich – die mehr oder weniger intellektuellen Angehörigen der männlichen *middle-class,* die vorwiegend den belehrenden Berufen angehören.

Die Meinungseinfalt, wonach es allein der Mann sei, der die Frau am richtigen Leben hindere, greift um sich. Nicht nur in den feministischen Kampf- und Agitationsblättern läuft die Propaganda auf Hochtouren. Propaganda wird in fast allen gedruckten Medien betrieben. Ob im Nachrichten-, im Lokal- oder Wirtschaftsteil, im Kommentar oder im Feuilleton und auf der Kinderseite, besonders in den Gerichtsreportagen: Eine oder mehrere Nachrichten enthalten immer die altbekannten und vorwurfsvollen Floskeln gegenüber *den* Männern. Wenn es sich nur irgendwie machen läßt, wird die Nachricht unauffällig zum feministischen Tendenzbericht umgemünzt. Der Leser, der seine Zeitung daraufhin durchforstet, wird sich über seine hohe Erfolgsquote freuen.

Keine Provinz- und Tageszeitung, keine Programm- oder Modezeitschrift, kein politisches Magazin, kein Fernsehspiel und kein Bäcker- und Metzgerblättchen, in denen die Redakteurin oder Volontärin oder ein Taktiker aus der männlichen *middleclass* nicht unterschwellig feministische Propaganda versteckt oder offen vertritt. Fortsetzung folgt in den Schulen und Kirchen, Kultureinrichtungen, auf Parteiveranstaltungen und in Volkshochschulkursen. Filmemacher und Verlage hängen sich an das Modegeschäft *Benachteiligung und Gleichberechtigung der Frau* an. Was als Diskussion angeboten wird, ist in Wirklichkeit einschüchternde Agitation und routinierte Gehirnwäsche.

Sogar die Wissenschaftsseite der Tagespresse muß für das *product placement* herhalten. »Bei Lemuren müssen die Männchen kuschen« lautet die Schlagzeile, die untertitelt ist: »Weibchen verteilen Ohrfeigen«. Die Journalistin Doris Gray ist sich wahrscheinlich ihrer Wunschvorstellungen ebenso bewußt wie ihrer weiblichen Solidaritätspflicht, wenn sie berichtet: »Wenn das Weibchen kommt, kuscht das Männchen... stößt untertänige Töne aus... Erdreistet sich ein Männchen, in Anwesenheit des Weibchens weiterzufressen, setzt es eine kräftige Ohrfeige.« Es ist die amerikanische Wissenschaftlerin Dr. Hilary Simons-Morland von der Yale-Universität, der »die überaus dominante Rolle des Lemurenweibchens aufgefallen ist, eine Besonderheit, die bei keiner anderen Primatenart vorkommt.« Sie forschte notgedrungen auf der Insel Madagaskar, weil »die seltene Halbaffenfamilie überall auf der Welt seit Millionen von Jahren verschwunden ist.« Ihre überraschende Folgerung aus der Tatsache, daß die Lemuren offenbar nirgendwo anders überlebensfähig waren, mutet merkwürdig an: »Dabei sind es gerade die Lemuren, die... Aufschluß geben können... daß sich eine matriarchalische Lebensform offenbar gut zum Überleben von mehr als 35 Millionen Jahren eignet.« Der perplexe Leser soll im Sinne der verantwortlichen Redakteurin jedenfalls in Erinnerung behalten, daß matriarchale Ohrfeigen noch keinem geschadet haben.

Aus frisch und soeben erfundenen Legenden und Märchen werden im Lauf der Zeit Axiome, apodiktisch vorgetragene Behauptungen, die nicht mehr überprüft werden, weil sie inzwischen jedermann geläufig sind und wie Öl hinuntergehen. Auch die – akademischen – Hexenforscher Heinsohn und Steiger[49] fanden auffallend viel Raum in der Sympathisantenpresse. Sie erzählen vom pragmatischen Volk- und Raum-Denken historischer Landesfürsten, die zum Zwecke bevölkerungspolitischer Aufforstung die starken Hexen und weisen Frauen verfolgt haben sollen. Die Historikerin Dagmar Unverhau[50] schreibt dazu: »Den Beweis für ihre These haben sie trotz einer anderslautenden Pressekampagne noch nicht erbracht. Hexenprozeßakten sind ihnen nämlich unbekannt.«

Anrührende Stories mischen sich mit feministischer Propagandamasche. Befriedigt jetzt Courths-Mahler spezielle Bedürfnisse im Wochenperiodikum des reflektierenden Teils der Nation? Es überschreibt seine Nachrichtenschnulze: »Sozialkritik. Stummes Entsetzen. Eine bedrückendes TV-Spiel beschreibt die soziale Vernichtung einer verarmten jungen Mutter« und berichtet dann von »der Wehrlosigkeit in den verschwollenen Augen der Anna Leschek, wenn freche Vermieter, arrogante Banklümmel und kalte Behördenmenschen der Frau L. die Existenz unter den Füßen wegziehen.« Die Leserin ahnt etwas vom Entsetzen der Filmberichterstatterin, »wenn sexuelle Avancen unsensibler Männer die Getretene zusätzlich erniedrigen... Überflüssiger-

---

49 Heinsohn, Gunnar und Steiger, Otto: Menschenproduktion. Allgemeine Bevölkerungsgeschichte der Neuzeit, 1. Aufl., Frankfurt 1979 dieselben: Die Vernichtung der weisen Frauen. Hexenverfolgung – Menschenproduktion – Kinderwelten – Bevölkerungswissenschaft, 1. Aufl., Herbstein 1985
50 a. a. O., S. 177

weise berichtet der Film außerdem lang und breit vom Wohlstandselend eines geschiedenen Anwalts. Der ist ein geborener Verlierer, König Alkohol verfallen, jähzornig und wegen allfälliger Schlägereien Stammgast im Knast.« Ihr Liebling ist er nicht, der Anwalt. Unverständlich bleibt, warum es sie ärgert, daß ein – als »geborener« Verlierer – von seinem Schicksal ums Leben betrogener Alkoholkranker, der es immerhin zum Anwalt gebracht hat, wenigstens im Film eine Rolle spielen darf. Sie sagt nicht, ob ihr ein verheirateter geborener *winner* und *Yuppie*, der sich kenntnisreich an exquisite Mineralwässer hielte, lieber gewesen wäre. Die um Tränendrüsenpropaganda bemühte Nachrichtennachhelferin hat aber mit Sicherheit ihr Bestes gegeben.

Mit der weiblichen Unzufriedenheit, dem angeblich durch die Männer verursachten Leid, ist es wie mit den Krankheiten, die dem jeweiligen Zeitgeist entsprechen: In ihm spiegeln sich die von den Menschen neugeschaffenen Ängste und Neurosen. Erst der Zeitgeist erschafft das modische Leiden; er macht Menschen hellhörig, die von den Ängsten zu profitieren hoffen und deren Symptome daher zeitgeistgemäß propagieren. Sie erzeugen die moderne Neurose in der Öffentlichkeit, so daß sich immer Menschen finden, die an der Mode leiden mögen. Waren es früher die Melancholia, später die Ohnmachtsanfälle der Damen, dann die Hysterie und die Migräne der gnädigen Frau, die Managerkrankheit und dann in den siebziger Jahren die ›politischen‹ Neurosen als Folge »entfremdeter Arbeit«, so sehen wir heute, wie bei Frauen die seelischen Leiden aufgrund vermeintlicher oder tatsächlicher Gewalt und sexuellen Mißbrauchs als Mädchen entstehen oder hervorzubrechen scheinen.

Auch der Feminismus erzeugt erst die Krankheit, die zu heilen er vorgibt (wie Karl Kraus von der Psychoanalyse sagte), und er zaubert auch die am Unglück allein Schuldigen herbei, *die* Männer. Sie sind die neuen Ketzer, Heiden, Teufel, Dämonen, Antichristen, Ungläubigen, Kommunisten, Kapitalisten, sie sind *die* Ausländer im gelobten Frauenland. Dort würden Milch und Honig fließen und jeder Tag wäre mit Gesang und Tanz, Liebe und Verständnis erfüllt, wenn, ja wenn nicht das Patriarchat, wenn nicht die Männer alles zerstören würden.

Selbstverteidigungskurse für Frauen in Schulen, Studios und Sportvereinen werden von den Männern belächelt. Die Männer meinen, die »kurzen, harten Techniken gegenüber empfindlichen Körperstellen der Männer« (aus einem Kurs-Prospekt) würden nie gegen sie gerichtet, weil einer (weiblichen) Selbst*verteidigung* natürlich ein (männlicher) *Angriff* vorausgehen müßte. Sie vergessen, daß von macht- und kriegslüsternen Welteroberern nach einem selbst inszenierten Überfall auch ohne Vorwarnung in aller Herrgottsfrühe schon einmal zurückgeschossen wurde. Die propagandistische Wehrertüchtigung zur psychischen und physischen Aufrüstung soll die Frauen in erster Linie von der Opferrolle erlösen, die sie bei einem Überfall einnehmen, die sie nach Ansicht der feministischen Propaganda auch generell innehaben. Im aktuellen Geschlechterkampf scheint es freilich, als ob die Männer sich nach der langsam vakant werdenden Opferrolle drängten.

Die Zahl der brüllenden und ungehaltenen Frauen häuft sich in den Medien. Die Film- und Fernsehkunstfrau bewährt sich im Vietnamkrieg, auf der Bronx und in der europäischen Finanz- und Unterwelt. Es geht dabei nicht nur um die Werbeeinnahmen im Umfeld der Serien und Seifenopern; gezielt soll auch der auf dem Strategiepapier entworfene Frauentyp propagiert und das neue Frauenideal in das Unbewußte der Zuschauer verankert werden, in der Erwartung, daß es sich nach diesem Bilde schon in der Realität erschaffen werde.

Von den männlichen Parteimitgliedern findet offenbar keines etwas dabei, wenn die Arbeitsgemeinschaft sozialdemokratischer Frauen (ASF) in der Parteizeitung die Zeichnung einer gestiefelt und gespornten und peitschenbewehrten Frau mit der Sprechblase einrückt: »Zuschlagen, Mädels«. Wenn es sich um eine Domina zur Befriedigung masochistischer männlicher Sexualphantasien handelte, könnte man das Schweigen der Männer ja noch verstehen! So aber läßt sich nur der Schluß ziehen, daß sie die Dicke mit dem Ziemer leichtfertigerweise nicht wahrhaben wollen und nicht ernst nehmen.

Durch den *Equal Employment Opportunity Act,* der den amerikanischen Frauen ›Chancengleichheit‹ am Arbeitsplatz zusichert, stiegen immer mehr Frauen in die Führungspositionen auch der Unterhaltungsindustrie auf und konnten von dort die neue Frau auf die Bildschirme bringen und in die Köpfe der Amerikaner und des Fernsehpublikums der restlichen Welt lancieren. Ängstlich auf ihre feministische Redaktionsmafia schielend und um des lieben Sponsorgeldes willen wollen die deutschen Fernsehredaktionen nicht hintanstehen. Die letzten klassischen Männerdomänen, der Privatdetektiv, der Konzernchef, müssen von Frauen imitiert und abgelöst werden. Den Anfang des progressiven neuen Bildes machte als Leitfigur – wer von den durch die Institutionen marschierenden akademischen Jungredakteuren hätte sich das Anfang der 70er Jahre träumen lassen? – der Polizist! Konsequent wird er aus seiner einstmals souveränen Rolle in die des Zauderers und Gehilfen der Kommissarin gedrängt, trotzdem keineswegs als Institution des zuverlässigen Bewahrers der jeweiligen Ordnung verlacht. Die Polizistinnen machen das von ihnen zuerst lädierte männliche Polizistenbild schnell wieder hof- und salonfähig.

Freiwillige Selbstzensur aus Angst vor den Feministinnen durch progressive Filter im Kopf wird nicht nur in Schulen und Universitäten, Parteien, Organisationen geübt. Durch sanften Boykott unliebsamer Publikationen nehmen Radikale und Mitläuferinnen auch in Lektoraten und Buchhandlungen Einfluß auf die ansonsten gern von ihnen in Anspruch genommene Meinungsfreiheit. Überall wo feministisch orientierte Frauen an wichtigen oder auch unwichtigen Schaltstellen sitzen, herrschen Vorsicht und Angst bei andersdenkenden Männern und Frauen. Die Freiheit der Andersdenkenden einer Rosa Luxemburg steht da nur noch auf dem Papier der Bücher dieser von patriarchalischem Idealismus geprägten Revolutionärin.

Der Mann, der es wagt, feministische Propaganda kritisch zu kommentieren, wird kurzerhand zum Stammtischbruder abgestempelt oder – etwas gnädiger – in das Lager der Paschas abgeschoben. Die Angst beeinträchtigt auch die Meinungsfreiheit im Fernsehen, wie beispielhaft eine Posse aus dem Fernsehleben zeigt: In der Jugendsendung *Live aus dem Nachtwerk* des Bayerischen Fernsehens kamen vier kritische Männer zu Wort, darunter Mitglieder einer »Initiative Männer wehren sich«. Die Männer brachten lasche Einwände gegen ihre Unterbutterung durch die Frauen vor, betonten aber ausdrücklich, daß sie – um Gottes willen! – nicht gegen die Emanzipation der Frauen seien. Offenbar hatte sich die Redaktion aber trotz aller Dienstbeflissenheit eine Rüge wegen männlicher Unbotmäßigkeit eingehandelt. Prompt druckte eine linksliberale Zeitung die laue ›Gegenrede‹ eines der Nachtwerk-Redakteure ab: »Was ist geschehen! Wir haben in *Live aus dem Nachtwerk* vier Schauspieler als Diskutanten eingeladen, die weitverbreitete Vorurteile über Frauen öffentlich gemacht haben. Wir haben dadurch eine Diskussion ausgelöst, die mit echten Gästen nicht möglich gewesen wäre, weil kein echter Mann das vor der Kamera wiederholen wollte, was er uns im Vorgespräch unter vier bis sechs Männeraugen anvertraut hatte ... Dazu erfanden wir die ›Initiative Männer wehren sich.‹« Offenbar haben die Redakteure lange diskutiert und abgewogen. Letztendlich getrauten sie sich dann aber doch nicht, eine ehrliche Männersendung zu machen. Das ist aber der Traum eines jeden subversiven Agitators: daß nicht nur die eigene Bevölkerung (die Frauen), sondern sogar der Feind (Mann) dem propagandistischen Trommelfeuer erliegt und an die Überlegenheit und Stärke seines Gegners glaubt und eingeschüchtert die gegen ihn gerichteten Parolen nachbetet.

3   Verbündete und Profiteure

3.1   Die Wirtschaft

Der Feminismus erfährt Unterstützung von Randgruppen (z. B. Homos, *New Age*-Anhänger), besonders auch von politischen Gruppen (Grüne, Linke), die sich davon einen Ansatzpunkt zur anders nicht mehr verwirklichbar erscheinenden radikalen Veränderung der Gesellschaft versprechen. Auch die Masse der im Feminismus nicht engagierten Frauen verfolgt als Mitläuferinnen eigene, vage Ziele. Der potenteste Verbündete des Feminismus aber ist die Wirtschaft der westlichen Industriestaaten.

Nach der Interpretation von Régis Debray[51] war die – vorwiegend auf der Erbitterung männlicher Studenten basierende – revolutionäre Maibewegung von 1968, aus der heraus die feministische Ideologie erst als ›politisch‹ erkannt und populär wurde, in der politischen Wirklichkeit nichts anderes als die Wiege der neuen bürgerlichen Gesellschaft. Um dem Amerika des hemmungslosen Konsums den Weg nach Europa zu ebnen, ja, aus diesem alten Kontinent einen Markt gigantischer Größe zu schaffen, mußte die noch weitgehend agrarisch geprägte Gesellschaft zerschlagen werden. So war es kein Wunder, daß die Ereignisse der 68er Jahre im agrarischsten der europäischen Industrieländer,

---

[51] Debray, Régis: Modeste contribution aux cérémonies officielles du dixième anniversaire, Paris 1978, zit. n. Ferry Luc und Renaut, Alain: Antihumanistisches Denken. Gegen die französischen Meisterphilosophen. Carl Hanser Verlag, München Wien 197, S. 57

in Frankreich, begannen, damit eine massive Industrialisierung betrieben und das Frankreich und das Europa der *news* und des *planning,* der Software und der Telekommunikation entstehen konnten.

Dem nach maximaler Verzinsung strebenden Kapital sind – entgegen feministischer Propaganda – geschlechtsspezifische Thesen wohlfeil. Wer aus welchem Topf was bekommt oder bezahlt: Der Wirtschaft wär's egal, Hauptsache unterm Strich ginge die Rechnung auf! Männliche Positionen aufzugeben, hätten die verbündeten Industrieherren keine Probleme, wenn nur das Preis-/Leistungsverhältnis stimmte. Da die Wirtschaft die Frauen braucht und die Propagandamedien von der Wirtschaft beherrscht werden oder abhängig sind, heißt daher feministischer Kampf oft schon Sieg im Scheingefecht, weil die Ziele der mächtigen patriarchalen Verbündeten mit denen des Feminismus übereinstimmen.

Ende der 60er Jahre erforderte es der rapide zunehmende Bedarf an Arbeitskräften, den Status der Frau zu überprüfen und gegebenenfalls radikal zu verändern. Die »List des Kapitals« (Régis Debray und P. Bourdieus) bediente sich zur revolutionären Umgestaltung der Gesellschaft einmal mehr der Jugend. Hatte die Wirtschaft zuerst um ihr kapitalistisches Fundament gefürchtet, so sah sie es jetzt zufrieden, daß mit der feministischen Dame der König Kapital nicht zu schlagen war. »Cui bono – wem zum Vorteil?« zitiert Cicero den Konsul Lucius Cassius Longinus Ravilla, der offenbar den Lauf der Welt verstanden hatte. Nicht mehr das Kapital war der Sündenbock, sondern *die* Männer, arme und reiche: das Patriarchat. Freilich: Wenn es stimmt (und wie es stimmt!), was Marx behauptet, daß nämlich die Idee sich immer dann blamiert, wenn sie mit dem Interesse, nämlich dem Geld, im Widerstreit liegt, so gibt es zur Aufregung seitens der Herrschenden in der Tat keinen Grund: Auch die feministische Idee hat sich nach Kräften blamiert. Waren in den 70er Jahren noch Begriffe wie Bewußtseinsbildung, Selbstverwirklichung, Selbstentfaltung, eigene Identität Inhalte feministischen Kampfes, so geht es heute um das alte Lied: um mehr Macht, Geld, Prestige, und das alles mit beschränkter Haftung. Da ist es nicht verwunderlich, daß die kapitalistischen Macher der Industriegesellschaft von der Entwicklung der Dinge völlig ungerührt blieben. Im Gegenteil: Wirtschaftswerbung, Massenmedien und Politik fördern den feministischen Trend.

Ist es denn nicht auffällig, daß die Emanzipation nicht in den sozialistischen Ländern zur Ideologie wurde, sondern in den hochindustrialisierten Ländern des westlichen Kapitalismus? Die Frauen des sozialistischen Ostblocks waren nur gleichberechtigt, am Arbeitsprozeß teilzunehmen.

Ansonsten blieb es auch unter den Stalinisten bei der zaristischen Rollenverteilung. Es bedarf einer gehörigen Portion Naivität zu glauben, daß der Kapitalismus ein gesellschaftliches Phänomen kolossalen Ausmaßes wie den Feminismus duldete, wenn es ihm nicht nur nicht nützte, sondern ihm sogar gefährlich werden könnte. Wie alle Strömungen, die gegen das herrschende Wirtschaftssystem gerichtet waren, wäre auch der Feminismus von der Bildfläche verschwunden.

Der einzige Zweck des Kapitals ist es, Rendite abzuwerfen, sich dadurch zu vermehren und dem Kapitaleigner die Beteiligung an anderen rentablen Unternehmungen zu ermöglichen. Dazu bedarf es kaufkraftstarker Konsumentinnen, gutbezahlter Arbeitnehmerinnen, die den Umschlag des Kapitals in Schwung halten.

Die These von den Frauen als einer lohndrückenden Reservearmee ist längst *passé*. Die jedermann kreditgewährende Konsumgesellschaft macht mit der frühkapitalistischen Askese Schluß. Die neue Forderung an die Frauen lautet jetzt: »Tagsüber gewissenhaft und nachts ausschweifend sein!«[52] Die Themen, mit denen die noch unpolitischen Frauen besonders ansprechbar erschienen, waren Sexualbefreiung und Geld, verpackt im Paket Selbstverwirklichung. Toleriert wurde selbst von Linken der Neonarzißmus, zu dessen größten Sorgen zählt, den Körper fitzuhalten durch Tennis, Jogging, Bodybuilding und die Seele durch (erstattungsfähige) Gruppentherapie vor dem drohenden *Depri* zu retten[53].

Aber – wie einst im Mai – spielt sich wieder einmal alles hinter dem Rücken der Beteiligten ab. Wie der französische liberale Philosoph Lipovetsky sagt: »Sie haben Geschichte gemacht, ohne zu wissen welche«.[54] Und auch Engels weiß sinngemäß: Jeder macht seine Geschichte, aber keiner hat es in der Hand, was dabei herauskommt. Vielleicht auch täuscht sich Régis Debray, wenn er von der »List des Kapitals« spricht. Die weibliche List ist älter als die des Kapitals! Ist am Ende das Kapital doch nicht so schlau wie die arg listigen Frauen, die aus dem unpopulär gewordenen *Kapital* welches schlagen wollen und dabei real existierendes – patriarchalisches – im Auge haben?

Der Mensch als Konsument ist längst ein Phänomen, das über seine Marketing-Zielgruppe hinausgewachsen ist. Der neue Konsument entscheidet nicht nur über Wohl und Wehe von Wirtschaftssektoren und Branchen, sondern er beeinflußt als Arbeitnehmer auch durch den von ihm per Rückkopplung herbeigeführten Wertewandel das gesellschaftliche, politische und individuelle Leben.

[52] D. Bell: The Cultural Contradictions in Capitalism. New York 1976, zi. n. Ferry, Luc; Renaut, Alain: a.a.O., S. 65
[53] vgl. Ferry, Luc; Renaut, Alain: a.a.O., S. 61
[54] zit. n. a.a.O., S. 62

In dem Buch *Wertewandel und Konsum*[55] legte Rüdiger Szallies als GfK-Geschäftsführer seine Einschätzung und Analyse künftiger und gegenwärtiger Verbrauchereinstellungen und -verhaltensweisen dar. Nicht nur, daß Senioren mit über 40 Prozent des Kaufkraftpotentials als Zielgruppe zunehmend größeren Einfluß gewinnen und das »Jungsein-Syndrom noch weiter auf die Spitze getrieben« werden wird; es ist vor allem ein weiterer soziodemographischer Effekt, der gesellschaftsverändernde Bedeutung gewonnen hat: Noch vor wenigen Jahren war der Vier- und Mehr-Personen-Haushalt die Regel. Im Jahr 2000 wird der Anteil der Singles und der Duos auf rund zwei Drittel gestiegen sein. Die Generationen werden sich mehr und mehr voneinander entfernen, sozial und lokal. Das hat zur Folge, daß die Zahl der Haushalte trotz stagnierender Bevölkerungszahl ständig steigt. Besonders junge Doppelverdiener (6 Millionen), berufstätige qualifizierte Frauen (1,5 Millionen) haben neben den Senioren mit überdurchschnittlichem Einkommen (1,5 Millionen) und vermögenden Etablierten zwischen 40 und 60 Jahren ohne Kinder im Haushalt (3,5 Millionen) Trendsetter-Funktion. Sie sind die Ursache der Metamorphose des alten Otto-Normalverbraucher zum postmodernen »Markus Möglich«. Er kann sich irrationales Verhalten zwischen Luxus und kalkulierter Bescheidenheit leisten, um sich mit Outfit und Lifestyle vom gewöhnlichen Konsumentenplebs zu distanzieren.

Aus der im März 1992 veröffentlichten Wohnungsstatistik des Statistischen Bundesamts[56] geht hervor, daß die Zahl der Single-Mieterhaushalte am stärksten steigt und heute 42 Prozent aller

[55] Gesellschaft für Konsumforschung, Nürnberg und Institut für Wirtschafts- und Sozialpsychologie der Universität Köln: verlag moderne industrie 1990
[56] Globus-Karte 9336

Mieterhaushalte beträgt. In Großstädten wie Stuttgart sind es schon 60 Prozent. 1968 waren es noch 24 Prozent gewesen. Zwei Millionen Männern aller Altersgruppen stehen vier Millionen Frauen gegenüber, die zur Miete allein wohnen.

Zunehmend wird die Tatsache zu einem wichtigen Wirtschaftsfaktor, daß Frauen qualifizierte und gutbezahlte Positionen innehaben und auf einen gemeinsamen Haushalt aus finanziellen Gründen nicht angewiesen sind. Die Zahl der Haushalte steigt daher. In der liberalisierten Industriegesellschaft sind gut verdienende Frauen nicht länger auf den Ehemann oder Partner als einem Garanten für gutes Auskommen angewiesen. Daher sind sie auch wenig geneigt, mit einem neuen Partner zusammenzuwohnen oder sich nach einer Scheidung wieder zu verheiraten. Die Geschlechter rücken auseinander. Feministische Ideologie wirkt in der Wohlstandsgesellschaft auch schon über den Tod hinaus; das läßt sich aus der Zeitungsmeldung schließen: »Immer mehr Frauen trennen sich im Grab von ihrem Ehemann.«

Der Ehemann ist tot; es lebe der Spezialist für die Befriedigung der diversen Bedürfnisse der Frau! Empfehlend berichten die Autorinnen Sybille Meyer/Eva Schulz in ihrem Buch über *Singles* vom neuen Trend der Frau, sich zu verschiedenen Anlässen den Spezialfreund zu wählen. So gibt es einen Kultur- oder Tanzfreund, den Musik- und den Sportfreund, den Handwerker, den Vertrauten und den Sexualfreund. »Frauen aktiv: Trend geht zum Zweitmann«, meldet triumphierend die Tagespresse. Für den frustrierten Erstmann, aber auch für den armen Single ist mit anderen Spezialitäten gesorgt: Wenn sie nicht zum Bumsen kommen, boomt wenigstens die Selbstbefriedigungsindustrie mit Videos, Pornographie, Kleidung, Geräten. Sie macht jetzt schon jährlich einen Umsatz von über 100 Millionen Mark.

Nicht nur, daß der Single als Strohwitwer mit den gutgepolsterten Daunenwitwen um die Einzimmerwohnung konkurriert; da er beengt und allein wohnt, ist der Single permanent unterwegs, um in Kneipen, Restaurants, Galerien, Kulturtreffs seiner heimlichen Hoffnung auf das Glück der Zweisamkeit nachzujagen. Für die meisten sind die Anstrengungen vergeblich; sie fühlen sich längst minderwertig und eher unberechtigt und sind auf Bindungsunfähigkeit programmiert. Dank ihrer mehr oder weniger erzwungenen allabendlichen Abenteuerlust floriert der Absatz der Branchen, die Single-Bedarf anbieten. Von der Flucht vor dem Frust des Alleinseins profitieren Industrien, die sich der Herstellung von Gütern des gehobenen Bedarfs widmen, ebenso wie das Friseurhandwerk. Auch die Psycho- und Esoterik-Industrie gehört zu den Profiteuren. Hin und wieder nimmt der Single alle Kräfte zusammen und die Tourismusindustrie in Anspruch. Als *ultima ratio* springt schließlich die Geldwirtschaft mit leicht zu erlangenden Krediten ein und ab, um zu guter Letzt an die beständigen Werte des einstmals umworbenen Kunden zu kommen.

Schon 1991 fielen nach Angaben der Bundesvereinigung der deutschen Arbeitgeberverbände 32 Prozent der neubesetzten Stellen, vorwiegend im Dienstleistungsbereich, an Frauen; das ist eine deutlich höhere Quote als der Frauenanteil an der Gesamtbeschäftigung, der nur 26 Prozent betrug. Kein Wunder, daß die Arbeitgeber das von feministischen Politikerinnen durchgesetzte Grundrecht auf einen Kindergartenplatz klaglos hinnehmen, denn nur so können sie die auf sie zukommenden Milliardenkosten dem Steuerzahler anlasten. Von den Parlamentarierinnen kümmert es zunächst keine, daß die in einem *deal* mit den Abtreibungsgegnern ins Grundgesetz geschriebenen sechshunderttausend Kindergartenplätze nicht geschaffen werden können, selbst wenn die erforderlichen 20 Milliarden vorhanden wären. Sie haben eine jederzeit zündbare Zeitbombe in der Hutschachtel, mit der sie jede Regierung einschüchtern können.

Der Ruf nach dem Staat zur Beseitigung der nicht zuletzt durch die Scheidungs-Singles erzeugten Wohnungsnot, von Nachteilen durch Unterqualifizierung und Überschuldung, auch der Feminisierung der Armut bei alleinerziehenden Müttern wird immer lauter. Ein ständig wachsendes Heer von bezahlten und ehrenamtlichen Helfern, aber besonders von Gleichstellungs-, Förderungs-, Überwachungs-, Regulierungs-, Reglementierungs- und Bestrafungsämtern ist damit beschäftigt, der neuen Gerechtigkeit bürokratisch zum Sieg zu verhelfen.

Keiner wird im Stich gelassen. Da die geschiedenen und deswegen mobilen Eltern nun häufig in verschiedenen Städten wohnen, bieten die Luftlinien einen speziellen Service an, mit dem die Kleinen als »UMs«, *Unaccompanied Minors,* hin- und herjetten können. Jetzt auf einmal »bleiben die Kinder nicht eine Sekunde ohne Aufsicht Erwachsener«. Halber Preis für das Flugticket, Mindestalter fünf Jahre, Besuch im Cockpit, wenn es der Bordbetrieb erlaubt – nur Scheidung kann schöner sein, wird mancher Knirps denken, der mit seinen – immer noch – verheirateten Alten die Großeltern per Auto oder Bahn besuchen muß. 400 *UMs* pro Tag zählt allein die Lufthansa in Frankfurt zu Ferienzeiten, fast alles Scheidungskinder. Kinder, die trotz Quicky-Besuchs – meist bei Papa – noch immer Probleme haben, können mit umfassender Reiseliteratur versorgt werden. Bücher für Scheidungskinder gibt es genug. Die geschiedenen Eltern, für die ebenfalls Beratungsbücher regalweise angeboten werden, können die Bücher zum Thema Scheidungskinder auswählen für die verschiedenen Altersstufen: »Ab fünf Jahre«, »Ab sieben Jahre«, »Ab zehn Jahre«, »Ab 14 Jahre«.

Die soziale Dienstleistungsgesellschaft, in der jeder jeden bedient, verlangt auch nach Befriedigung »stoffgebundener Süchte« (Psychologe Werner Gross) zum Zwecke der Vernichtung von Frust. Die Ware scheint mehr wert als man selbst. Durch unkontrolliertes Kaufen wollen die Betroffenen »stückweise ihre Mutter wiederherstellen, eine Wunschmutter, die sich nicht bewegt, nicht widerspricht und jederzeit ge- und mißbraucht werden kann« (Psychologe Hermann-Josef Berk). Man kann sich besaufen, arbeiten, essen, rauchen, spielen, etwas Illegales tun, in Peepshows gehen und vor allem auch kaufen – immer geht es um Befriedigung von Sucht aus Frust. Nie geht es um das Konsumieren an sich, sondern um das Kaufen, den Kaufakt, das Habenwollen, das Beherrschen. Die Neurose wird von der Konsumgesellschaft gebilligt und erscheint nicht behandlungswürdig. Was verdient wird, soll auch wieder ausgegeben werden! Wer aber nicht zahlt, soll auch nicht essen! Daher wird der kleptosome Neurotiker, der nach feministischer Lesart meist eine durch den Mann neurotisierte frustrierte Hausfrau ist, besonders hart und unnachsichtig verfolgt. Nach einem Bericht des Karstadt-Konzerns aber sind gerade die Männer unter den Kaufhausdieben in der Überzahl, jedenfalls lassen sie sich öfter dabei erwischen. 60 000 Ladendiebstähle im Wert von 6,7 Millionen Mark waren es 1992. Nach Untersuchungen des Stuttgarter Professors für Konsumtherapie G. Scherborn leiden allein in den alten Bundesländern wenigstens 3 Millionen Erwachsene unter der Sucht zwanghaften Kaufverhaltens; weitere 12 Millionen sind stark infiziert. Es leben schon zahllose Karrierefrauen unter dem Zwang, das verdiente Geld für Kleidung und Luxusartikel ausgeben zu müssen, für die sie keine Verwendung haben.

Macht folgt aus den Gewehrläufen, sprach Mao, wobei er sich jegliche tiefenpsychologische Deutung verbeten hätte. Das trifft auch für die deutsche Jagd- und Sportwaffenindustrie zu, die ohne Rücksicht auf den inzwischen tabuisierten Freudschen Penisneid – und analog der wachsenden Geschlechterkampf- und -kriegsbegeisterung – ungeahnte Umsatzsteigerungen erzielt. Sie verdankt sie ihrer neuen, seit Jahren ins Visier genommenen

Zielgruppe: den Frauen. Sie werden nach amerikanischem Vorbild mit einer neuen Serien von Kurzwaffen umworben, die nach Aussage des *Verbands der Hersteller von Jagd- und Sportwaffen* »in Abmessungen und Ausstattung auf die speziellen Bedürfnisse des schwachen Geschlechts abgestimmt sind.« Folgerichtig gehören dem Deutschen Schützenbund neben 1,1 Millionen Männern bereits über 200.000 Frauen an. Auf den Waffenmessen führen charmante Damen den handlichen Gasrevolver zur Abwehr zudringlicher Männer, auch Vergewaltigungsabsichten verdächtiger Sportschützenbrüder vor, der erheblichen Anteil zum Boom der Waffenindustrie auch in Zeiten hin und wieder aufflackernden Pazifismus' beträgt. Der sexualgehemmte, waffennärrische US-Amokläufer, als sichtbarer Ausdruck männlicher Unberechenbarkeit und Gewaltbereitschaft, wird bald der Vergangenheit angehören, wenn nun auch die Frauen wohlsortierte Waffenschränke im Boudoir haben.

Die Industriegesellschaft leidet an permanenter Überproduktion. Daher sind die Produzenten gezwungen, ständig nach werbenden Balzmechanismen zu suchen, damit die von niemandem verlangte Ware dennoch vom Verbraucher begehrt wird, der instinktsicher als solcher schon bezeichnet wird, noch ehe er auch nur die Chance hatte, den Konsum zu verweigern. Der ins Auge gefaßte Empfänger der Werbebotschaft ist, wie der der Propaganda, träge. Er hat keine Lust und vor allem keine Gelegenheit zu diskutieren, zu argumentieren. Das Einhämmern der Werbeslogans dient dazu, den Verstand des Publikums zu ermüden und einzuschläfern und den Eindruck von der Richtigkeit der Versprechungen zu erwecken. Die Werbung hofft darauf, daß das Opfer irgendwann aufgibt und ergeben kauft, es wäre sonst nicht zu einem solchen geworden.

Die Werbewirtschaft ist die willige und skrupellose Dienerin der Produzenten von Massenware. Sie greift jedes Thema auf;

jedes gesellschaftliche Verhalten, jede Modeerscheinung, jeden Trend reißt die Branche gierig an sich, probiert, verwirft, beutet aus, vernichtet und vergißt, bis ein *Newcomer* die Sache erneut ausgräbt und vielleicht damit Glück hat. Irgendwann war auch des armen Che Guevara Poster im Schaufenster von Jeansläden aufgetaucht. Es signalisierte das Scheitern des revolutionären Volkskriegs.

Da kommt die feministische Welle gerade zur rechten Zeit. Mit ihr lassen sich alte Dämme ein- und neue *eye-catcher* aufreißen, andere Aufmerksamkeitsbereiche erschließen und zum Zweck der Vermarktung gesellschaftsfähig machen. Keine Litfaßsäule ohne trotzig rauchende Frau, allerorten sich forsch gebende, motorradfahrende, auf hart getrimmte Mädels, schamlos sich anbiedernde Sprüche von Frauenzeitschriften, die den Frauen von heute um den Damenbart gehen. Seit die Vagina sich nicht nur als Umsatzträgerin für Menstruationsbedarf emanzipiert, sondern sich auch als Transmissionsriemen für die Vermittlung von feministischem Lifestyle bewährt, gibt es kein Halten mehr. In den Werbefeldzügen erregt bald nur noch der »Benet-Ton« Aufsehen. Diese Art der Vermarktung der Frau gefällt endlich auch den Feministinnen, besonders den in den Werbeagenturen wirkenden Karrierefrauen.

Werbung wird aber nicht nur im Kino, im Fernsehen und in den gedruckten Medien gemacht. Die *Erste deutsche Frauenmesse* 1991 geistert bis heute als aufgebauschtes Großereignis durch die Presse, die damals schon über wichtige Details berichtete: »Am Vorabend der Eröffnung ging's schon los. Der Barkeeper war durch die geballte Weiblichkeit *vis-à-vis* sichtlich beunruhigt, denn es saßen sieben Frauen auf den Barhockern. Zwei davon erzählten sich vom gerade (!) erlebten Horror in einem dunklen Parkhaus, die Flucht in den Wagen, Türen verriegeln und nichts wie weg...« Nach dem Geschichtenerzählen wurde aber auch gearbeitet. »Mehr als um Kommerz, Produkte und Geschäftsabschlüsse geht es um Programme – vornehmlich solche, die mehr Frauen an die Spitze bringen.« Zu vermuten ist aber, daß ein Großteil des Angebots von den ministeriellen Subventionsanbietern bestritten wurde, die ihr Geld an die Frau und unter die Männer von der Industrie bringen müssen.

Was offenbar im Gegensatz zu »männlichen« Verkaufsmessen schon erreicht ist: »Der Ton ist höflich-kommunikativ. Selbst im Gedränge werden Ellbogen nicht eingesetzt.« So überließen die Messefrauen das Feld dann den von Männern gemanagten Konzernen BMW, Mercedes-Benz, VW und Volvo, die auf der Messe mit Frauenförderung erklärtermaßen nichts anderes im Sinn hatten, als ihr Firmenimage und den Umsatz aufzubessern. Als Erfolg wird auch verbucht, daß die Marketing-Frau von Siemens-Nixdorf ihre Chefs (»Was bringt uns das umsatzmäßig?«) mit dem Argument zur Messebeteiligung überreden konnte, daß man »durch gezieltes Ansprechen von Mädchen die Nachwuchsprobleme der Firma mildern« könne.

3.2 Die Tourismusindustrie

Der Durchbruch für die Ferntouristik kam in den siebziger Jahren, als europäische Männer nach Thailand flogen, wo sie billig sexuelle Kontakte kaufen konnten. Sie fanden eine gut organisierte Sexindustrie vor, die einst eingerichtet worden war, um die jungen GIs am goldenen Dreieck wieder fit für den Kampf in Vietnam zu machen.

Die Söhne und Ehemänner amerikanischer und europäischer Frauen waren offenbar mit den lustlos erledigten Sexualdiensten aus dem Billigangebot zufrieden und fühlten sich wie zu Hause.

Exotisch erschien ihnen nur die ungewohnte Liebenswürdigkeit der bei aller Geschäftstüchtigkeit dienstbeflissenen Asiatinnen. Die linke männliche Intelligentsia beneidete verstohlen die Stammtisch- und Kegelbrüder aus den *Bums- und Spermabombern*. Nach außen aber strafte sie die primitiven Ausbeuter des (vorher nie) kolonisierten asiatischen Volkes klassenbewußt mit Verachtung. Damals wie heute ist die Prostitution in Thailand, auch auf den Philippinen, im Senegal und in Kenia fest im Griff der einheimischen Oberschichten. Das wissen wir von Dr. Regula Renschler[57], die unter den Sextouristen auch Schweizer Bürger in erheblicher Zahl ausmachte und weiß, daß jeder auch von Nichtschweizern im Ausland gelassene Franken dem eigenen Land verloren ist.

Für Kenner der Szene konnte es nicht ausbleiben, daß Feministinnen sich und die Gleichberechtigung auf ihre übliche, wenig einfallsreiche Weise zu verwirklichen suchten: raucht ihr Männer euch zu Tode, wollen wir das auch; arbeitet ihr euch kaputt, haben wir Anspruch auf Karriere; fährst du einen 6-Zylinder, will ich auch einen; mußt du keine Kinder gebären, will ich auch nicht; und: machen irgendwelche Männer Sexurlaub, so sollen das auch alle Frauen tun. Mit einer großen Klappe fangen sie so gleich mehrere Fliegen, von denen sie gelegentlich die aus der Ehe machen: Schon 1989 gingen nur 1,6 Millionen Männer, dagegen 2,2 Millionen Frauen allein auf die Reise. Mit Vergnügen können sie ihrem weiblichen Narzißmus frönen, orgiastische Lüste zu erlangen suchen, die sexuelle Revolution in ferne Länder tragen, und das alles zum Zweck der Befreiung der Welt vom Patriarchat und zu Demütigung und Sturz der hier wie dort heimischen Machos. Je größer die eigenen Probleme, desto gigantischer der

---

57 vom Schweizer »Nationalen Arbeitskreis für Tourismus und Entwicklung«, Basel

Drang zur Erlösung der ganzen Menschheit. Es ist aber schon manche eifrige Touristin auf einen gewalttätigen Mann gestoßen, der schlau oder verständnislos, nichtsdestoweniger aggressiv, sein vermeintliches Recht mit den wohlgesetzten englischen Worten einforderte: »Du schläfst doch mit jedem, warum ausgerechnet nicht mit mir?«

Wie Ingrid Backes, Autorin eines *Frauenreisebuches* schreibt, ist für viele Nordeuropäerinnen ein Urlaub erst dann komplett, wenn sie eine Liebesnacht mit einem Einheimischen verbracht haben. Der Nimbus und letzte Respekt, den die weißen Frauen dank der technischen und kulturellen Errungenschaften ihrer daheimgelassenen Männer in der dritten Welt noch genießen, kann von ihnen nur langsam zerstört werden, auf Dauer aber um so nachhaltiger. Der ersehnte Prozeß der Entmachtung des ihnen von allen Männern am meisten im Wege stehenden *weißen* Mannes könne nur über seine Demoralisierung und Demütigung gehen, so glauben sie. Dazu ist ihnen auch das Mittel unsolidarischen Verhaltens gegenüber den besitzlosen Frauen der dritten Welt recht. Während sie daheim die Solidarität aller Frauen dieser *einen* Welt beschwören, machen sie in den armen und patriarchalisch orientierten Ländern der dritten Welt mit billigem Konsum-Talmi – der heute die Glasperlen von anno dazumal ersetzt – heimische Männer ihren armen Frauen abspenstig. Die umworbenen Männer und Jünglinge wiederum fühlen sich in ihrem landesüblichen Machismo bestätigt, und so eröffnet sich erneut ein weites Agitationsfeld bei der eingeborenen Frauenschaft.

Von Brasilien und Papua-Neuguinea bis Asien und Feuerland werkeln Aktivistinnen, Touristinnen, Missionarsfrauen und Regierungsbeauftragte, Entwicklungshelfer und *freaks* einmütig dafür, diese *eine* Welt zu feminisieren und uniform zu machen. Dem Missionar war es schon immer ein leichtes gewesen, den Eingeborenen die Lächerlichkeit ihres geheiligten Totempfahls dadurch vor Augen zu führen, daß er ihn ins Feuer warf und darauf sein Süppchen kochte, das den zuerst entsetzten, dann verblüfften und schließlich überzeugten Heiden besser schmeckte als der gewohnte Bananenbrei. Genauso leuchtet es den staunenden und leichtgläubigen Stammesfrauen schnell ein, wenn ihnen die durch das Studium ihrer Frauenzeitschrift gut vorbereiteten fernreisenden Feministinnen erklären, daß Feldarbeit und Maisstampfen gerechterweise auch von den in überkommenem Krieger- und Jägerbewußtsein lebenden »faulen« Männern geleistet werden müsse. Bald sind auch die Stammesältesten geneigt, den sie belehrenden weißen Müttern zu glauben: Denn wer mit dem Eisenvogel fliegt und die Macht hat, den Nachbarn im Handumdrehen abzulichten, der wird wohl weiser seiner als die alte Regenmacher des Dorfes. Daß Flugzeug und *Polaroid* das Arbeitsergebnis weißer Männer sind, das nur durch deren Triebverzicht und eingeschränkte Selbstverwirklichung entstehen konnte, darüber zu reden, paßt den ansonsten recht fortschrittsgläubigen Heilsbringerinnen nicht ins Welt- und Selbstbild, und da einen Zusammenhang herzustellen, wäre für die meisten auch zu kompliziert.

Die exzessive Propaganda für die Libertinage der Frauen trägt reife Früchte in aller Herren Länder. Amerikanische und europäische Frauen, in Gruppen oder allein oder im Kreis der Familie reisend, sind stetig bestrebt, den eigenen Ruf wie den ihrer zu Hause gebliebenen oder sie begleitenden Männer dem weltweit gesunkenen Niveau anzupassen. Die amerikanischen Trendsetterinnen beginnen zwar langsam und sehr vereinzelt sich gegen den *slut-feminism* zu wenden (was zu deutsch heißt: Schlampen- oder Nutten-Feminismus) der die sexuell verwahrloste *femme fatale* zum Leitbild für (ver)kommende Generationen machen möchte. Überall auf dem Globus aber machen einheimische Kellner, Ste-

wards, Musikanten, Kameltreiber, Busfahrer und Reiseleiter des-
illusionierende Erfahrungen: Die Urlauberinnen wußten sich
nach kurzem Alkoholgenuß nicht mehr zu halten vor Freiheit
und auf ihren Beinen und fielen dem Personal um den Hals und
ins Bett. Die Zahle- und vorübergehend ausrangierten Alpha-
Männer, die die Damen begleiteten, machten unter der dämpfen-
den Wirkung ihres Beta-Blockers gute Miene und zahlten brav die
Rechnung für den gemeinsamen, besonders aber ihren eigenen
seelischen Verzehr, nicht ohne dem Angebeteten ihrer sich anbie-
dernden und -bietenden Frauen ein saftiges Trinkgeld zu geben,
statt anstelle des Bakschischs – wie in vorfeministischen Zeiten
noch denkbar gewesen – der Dame ihres angegriffenen Herzens
eine ebensolche -pfeife.

4 Feministischer Kampf

4.1 Kampf in politischen Organisationen

Es genügt zu fragen, wer die *United Nations* und die Weltbank finanziert, um zu erfahren, daß es die großen Industrienationen des Westens sind, die Regie bei der Veränderung der Welt führen. Wäre dies nicht der Fall, und wären die Interessen der Feministen nicht auch die der Industrie, so wären weder eine Weltfrauenkonferenz organisiert noch finanziert, noch 1968 eine *Dekade der Frau* ausgerufen worden. Nationale und internationale Gelder flossen auch für das vom niederländischen Frauenrat für die Jahre 1983–1986 angesetzte Kampfthema »Emanzipation als Prozeß der Bewußtseinsveränderung«. Ähnliche Veranstaltungen wurden weltweit durchgeführt. Die schon damals entwickelten Strategien reichen weit über das Jahr 2000 hinaus.

Für die Berufsfrauen und Strateginnen sind Frauen Arbeitsmaterial, Spielmaterial, Strategiemassen, Klientenaufkommen, Patientengut, Druckmittel, die je nach Kalkül eingesetzt und nach Einfall verladen werden. Die vorgeschobenen Frauen sitzen in den internationalen Gremien, in der Weltbank, den Vereinten Nationen und im bundesdeutschen Entwicklungshilfeministerium. Dort wurden verbindliche »F«(rauen)-Kriterien bei der Projektvergabe eingeführt. Die Gesellschaft für Technische Zusammenarbeit (GTZ) und ihre Koordinationsstelle 4101, »Querschnittsstelle Frauenförderung, Selbsthilfeförderung und Armutsbekämpfung« und deren Leiterin Kaj Fölster verfolgen

ganz ungeniert nicht nur das Ziel der Befriedigung von Grund-
bedürfnissen und der Verringerung der »Last der Frauen (und
Männer)«, sondern sie wollen auch die (wörtlich:) »*strategischen*« Bedürfnisse erfüllen: »die politische Stellung der Frau zu
verändern, Emanzipation durch Entwicklung zu ermöglichen.«
F-Kriterien und F-Bedingungen werden nach dem Einzug der
Feministin und Präsidentengattin Hillary Clinton ins Weiße
Haus forciert auch den Empfängern amerikanischer Entwick-
lungshilfe diktiert werden.

In der Antwort auf die Große Anfrage der SPD-Frauen an die
Bundesregierung im Jahr 1990 taucht auch die (nicht zuletzt von
der Bundesregierung finanzierte) Weltfrauenkonferenz von 1985
in Nairobi auf. Das Bundesministerium für wirtschaftliche
Zusammenarbeit hat 1988 sein darauf basierendes Konzept zur
Förderung von Frauen in Entwicklungsländern vorgelegt. Darüber hinaus wirkt das von Bund und einigen Bundesländern
finanzierte »Institut Frau und Gesellschaft (IFG)« in den ver-
schiedensten internationalen Gremien und Arbeitsgruppen mit:

- EG-Kommission zur Diversifikation der Berufschancen von
  Frauen
- Konferenzen der OECD und der UNESCO
- European Network for Women's Studies
- European Committee of Feminist Research
- Arbeitsgruppe Dokumentation beim beratenden Ausschuß für
  Gleichstellung und Chancengleichheit für Frauen in der EG-
  Kommission in Brüssel

Handelt es sich bei den Umtriebigkeiten der vom arglosen Patriarchat finanzierten feministischen Internationale noch um
echte Aktivitäten, so bedienen sich die Aktivistinnen in zunächst
passiver Weise, aber im großen Stil, bereits bestehender Organisa-

tionen. Ihr Ziel ist die Umfunktionierung des Wirtsorganismus in eine verdeckte Basis für feministische Ideologisierung. Ausgestattet mit Instinkt für männliche Naivität und weibliche List schmuggeln sie ihre Kuckuckseier in fremde Nester. Von den geschmeichelten Ziehvätern werden sie bebrütet und genährt. In der Natur wirft der Kuckuck alle Stiefgeschwister aus dem Nest; der feministische Kuckuck dagegen eliminiert nur die im Wege stehenden Mandatsträger; das übrige männliche Stimmvieh wird geduldet. Normalerweise verläßt der flügge gewordene Kuckuck das mißbrauchte Nest, wogegen das Feministchen sich ein für allemal darin breitmacht und als Lockvogel für andere Frauen fungiert. Ihre Zahl vergrößert sich rasch, und bald trachten sie danach, die Organisation zuerst zu unterwandern und dann zu übernehmen. Die mißbrauchten Wirtsorganismen sind die in vielen Jahrzehnten überwiegend von Männern aufgebauten Parteien, Kirchen, Gewerkschaften, Vereine, Kinderschutzbünde, Tierschutzvereine, die mit einfachen Tricks dazu gebracht werden, Kuckuckseiprojekte in Form frauenspezifischer Themen zu einem ihrer Hauptanliegen zu machen. Der Begriff Kuckuck ist übrigens auch ein verhüllender Name für den Teufel. Und ehe sich's die Männer versehen, könnte – zum Kuckuck! – das feministische Siegel auf ihrem Besitzstand kleben.

Wenn es um Wahlstimmen und Rückhalt in der Partei geht, stimmen auch die Männer aus Angst vor der Frauenlobby für den obligatorischen Frauenförderplan, wie er überall von den Frauen durchgesetzt wird. Seit März 1990 haben Frauen bei Stellenbesetzungen in der von Rita Süssmuth geleiteten Bundestagsverwaltung »bei gleicher Qualifikation Vorrang« gegenüber Männern. Da die Berufsfrauen aber per verkürzter Halbmondstrategie oder »linear« erheblichen Druck auf die personellen Entscheidungsträger in der Bundestagsverwaltung ausüben – und das um so mehr und um so leichter, wenn es sich dabei um eine Frau handelt –, dürfte schon deswegen klar sein, wie die Würfel fallen. Parität ist aber auch anderweitig angesagt: So ließ Ursula Müller, Frauenbeauftragte der Stadt Hannover, im April 1992 für viel Geld das auf den Fahrbahnen der städtischen Radwege als Gebotshinweis dominierende Bild eines Herrenfahrrads durch ein stilisiertes linientreues Damenfahrrad überpinseln, in anderen Städten werden die Gebotsschilder für (männliche) Fußgänger auf Vordermann gebracht.

Männer meinen oft, es käme zur Gewinnung von Mehrheiten auf die Schärfe des Geistes und die Brillanz der Formulierung an, und strengen sich deshalb mächtig an. Weit gefehlt! Die Drohung der zur Karriere entschlossenen Frauen, man würde die Organisation als frauenfeindlich und reaktionär anprangern, genügt, um die Herren botmäßig zu machen. Zuerst glauben die männlichen Vereins-Macher, sie könnten die Sache durch verbale und organisatorische Kinkerlitzchen im Griff behalten, ja, ihre Macht durch die als Verbündete umworbene neue Frauenfraktion noch stärken; nach ihrer bei erster Gelegenheit rigorosen Abwahl merken sie als verblüffte Avantgarde im Ruhestand zu spät, daß sich selbstverleugnende Buckelei vor dem Zeit- und Modegeist nicht auszahlt. Sie wissen nicht, daß dank männlicher Unsensibilität weibliche List und feministische Taktik Erfolg haben, seien sie auch noch so plump angelegt.

Bei der Eigennutzung unterwanderter Organisationen können die Frauen ganz offen vorgehen; von den Männern merkt keiner etwas. Genauso, wie sie der Öffentlichkeit Sand in die Augen streuen, wenn sie darüber jubeln, daß uneheliche Väter *und Mütter* höhere Unterhaltszahlungen leisten müssen, so steht auch der Name des *Verbands Alleinstehender Mütter und Väter* (VAMV) im Verdacht, eine Camouflage für eine vorwiegend feministischen Interessen dienende Organisation zu sein. Wie anders sind die öffentlichen Anklagen dieses Väter-Verbands zu verstehen:

»Väter lassen Kinder im Stich«; die Hälfte der siebzigtausend unehelich Geborenen lernten ihre Väter nie kennen; in keinem Land gäbe es so viele Unterhaltsflüchtlinge wie in Deutschland; der Staat betreibe eine »Väterschonpolitik«; in den USA würden nichtzahlende Väter steckbrieflich gesucht, das fehle hier; »unsere Kinder leiden unter der Unzuverlässigkeit und dem Desinteresse der Väter«, so die Verbandsvorsitzende Helgard Ulshoefer.

Ohne fundierte Aus- und Vorbildung lassen sich Topgehälter am ehesten in der Politik verdienen, daher auch das Gerangel in den Parteien um die besten Listenplätze vor den Wahlen. Verständlich, daß die Herren Hinterbänkler sauer reagieren, wenn die von der Frauenriege durchgeboxten Frauen im Selbstbedienungsladen der Politik als Konkurrentinnen auftauchen und sich womöglich gar an ihrer Stelle bedienen wollen. An der Basis aber, im Ortsverein, suchen die Männer den harmonischen Kontakt zum anderen Geschlecht und erliegen ihm mit Anbiederung und Darbringung von Balzfutter und Morgengaben per Akklamation und Abstimmung. Aber ach, noch immer können nicht alle so leben wie bei den Jusos die Mädchen im Speck!

Dadurch lassen sich Frauen aber nicht vom Politgeschäft abhalten. So erkämpft sich eine Frauengruppe in einem kleinen Ortsverein der Partei zuerst die Position der Vorsitzenden; mit Hilfe der Autorität dieser Funktion wird dann das übergeordnete Parteigremium zur Diskussion oder zur Übernahme feministischer Programmatik aufgefordert. Die einstige Landesvorsitzende der Jusos, Beate Büttner, forderte in einem 72-Seiten-Programm eine »starre Frauenquote« von 50 Prozent bei allen Ausbildungsplätzen, auch im gewerblich-technischen und naturwissenschaftlichen Bereich, und die bayerischen Jusos übernahmen das Papier und legten der Gesamtpartei einen Gesetzesentwurf vor. Daß alle Liebesmüh' der Großindustrie, die Mädchen in die technischen Ausbildungsberufe zu locken, vergebens war, spielt für die Effekthascher keine Rolle. Hauptsache, man steht in den Medien. Die sozialdemokratische Partei wird in Kürze zu 50 Prozent von feministisch konditionierten Quoten-Frauen dirigiert werden. Die – nach ihrem Selbstverständnis feministisch orientierte – Landesvorsitzende der neuen bayerischen SPD vergatterte ihre Partei, mit gutem Beispiel voranzugehen und auch ohne Gesetz die 50 Prozent-Quote per Reißverschlußsystem zu garantieren. Es soll abwechselnd ein Mann und eine Frau zur nächsten Wahl nominiert werden, ein weiterer Schritt auf dem Weg, in starren Quoten zu denken und zu handeln und Männer aus ihren Berufspositionen und von Plätzen zu verdrängen und durch Frauen zu ersetzen. Die Frage ist auch hier noch gar nicht, ob das nun richtig oder falsch, gerecht oder ungerecht, wünschenswert oder verwerflich ist; als Faktum müssen nicht wenige Männer ihre Verdrängung aber zur Kenntnis nehmen.

Die Grünen bemühen sich nach Kräften, die Wertschätzung der Quotenfrau zu kodifizieren: Die Presse berichtet über die Beratung des Entwurfs eines Antidiskriminierungsgesetzes, »um endlich die Benachteiligung von Frauen nicht nur auf dem Arbeitsmarkt, sondern auf allen gesellschaftlichen Ebenen zu beseitigen.« Da es Tatsache sei, daß es einerseits in bayerischen Gymnasien nur 1,5 Prozent Frauen als Schulleiterinnen gäbe, andererseits aber kaum Bewerberinnen aufzuspüren seien, fordert die Grünen-Landtagsabgeordnete Margarete Bause »die Bevorzugung von Frauen bei gleicher Qualifikation« im öffentlichen Dienst bei einer Quotierung von 50 Prozent, darüber hinaus aber »nicht nur den quantitativen, sondern ebenso den qualitativen Aspekt« zu überdenken. Ein anderer Begriff von Leistung soll durchgesetzt werden, nicht mehr der, der an männlichen Normen entstanden ist. Es wird eine allgemeine Bewußtseinsänderung gefordert – kurz: »Eine wirkliche Umgestaltung der Wertschätzung der Frau.« Wertschätzung durch Abwertung und per Gesetz!

In ihrem umfangreichen Entwurf eines Frauenförderungs- und Antidiskriminierungsgesetzes fordern die Grünen, daß im öffentlichen Dienst Frauen so lange bevorzugt eingestellt werden, bis sie in Führungspositionen in gleicher Zahl vertreten sind wie Männer. Aus der Privatwirtschaft sollen – Leistungsfähigkeit hin, Preisgünstigkeit her – nur noch diejenigen mit öffentlichen Aufträgen oder mit Investitionsförderung rechnen dürfen, die die Grundsätze des Frauenförderungsgesetzes einhalten. Außerdem werden Männer im Staatsdienst nur dann befördert, wenn sie sich in einem »Führungsseminar« mit den spezifischen Problemen weiblicher Doppelbelastung von der Kindererziehung bis hin zum Küchenputz »vertraut« gemacht haben. Bei dieser Gelegenheit soll die Bayerische Verfassung gleich dahin mitgeändert werden, daß der Verfassungsgerichtshof paritätisch mit Richtern und Richterinnen besetzt wird, das Präsidentenamt abwechselnd mit einer Frau und einem Mann.

Eine neue gesamtdeutsche Verfassung wollen die grünen Frauen zum Anlaß nehmen, um Nägel mit Köpfchen zu machen. Bisher nämlich fehlen wegen des Gleichheitsgrundsatzes des Grundgesetzes (›Männer und Frauen sind gleich‹) die Rechtsgrundlagen für eine ungleiche Bevorzugung von Frauen. Es sollen deswegen acht Grundrechte für Frauen aufgenommen werden, u. a. soll der Staat durch Quotenregelung und Förderpläne dafür sorgen, daß Frauen in allen gesellschaftlichen Bereichen zu gleichen Teilen vertreten sind.

Festgeschrieben werden soll außerdem:
– Jede Frau soll das Recht haben zu entscheiden, »ob sie eine Schwangerschaft austrägt oder nicht«, damit die »absurden Debatten« um den Abtreibungsparagraphen aufhören.

- Nicht mehr die Ehe und Familie sollen unter dem besonderen Schutz des Staates stehen, sondern »Menschen, die mit Kindern leben«. Das sind natürlich vorwiegend Frauen.
- Politisches Asyl sollen auch »Frauen genießen, die wegen ihres Geschlechts verfolgt werden«, z. B. nach Ehebruch in orientalischen Ländern.

Nach dem Motto Ludwig Erhards aus den 50ern: »Keine Experimente!« wollen die grünen Revolutionsbürokraten mit den wählerischen, unberechenbaren Bürgerinnen und Bürgern kein Risiko mehr eingehen und Gleichheit um jeden Preis verankern und sie notfalls durch das gruppenegoistisch ausgebeutete Recht zementieren lassen.

4.2 Kampf in den Kirchen

Das Graffito provoziert: »How is god? She's black!« – wir aber fragen weiter: »Or is she (noch) Schwarzer?« Im heiteren Beruferaten, wo Alice S. – hier ganz bürgerlich – mitspielt, wird die göttliche Wahrheit vielleicht ans Tageslicht kommen. Die Feministinnen diffamieren Kirchenveranstaltungen, in denen noch immer nicht darüber gelacht wird, daß das Geschlecht des Gottesbegriffs männlich ist. Durchgesetzt werden soll ein Gott weiblichen Geschlechts (»Als Gott den Mann erschuf, irrte sie sich«). »Vater und Mutter im Himmel...« soll das »Elternunser« – bis auf weiteres – gebetet werden. Unermüdlich bringt die Tagespresse im Nachrichtenteil die Forderung irgendeiner Feministin in Mainz oder New York nach Einführung von geschlechtsneutralen Formulierungen in Gebeten und Gesängen. Man dürfe auch vor der Bibel nicht haltmachen, ebensowenig vor Liedtexten, forderte die rheinland-pfälzische Ministerin für Gleichstellung von Frau und Mann, Jeannett Rott. Die Bestrebungen der anglikanischen Kirche, ihre Priesterfrauen künftig »Vater und Mutter unser« beten zu lassen, findet den Beifall der Sozialistin; aber: »Da muß ich auch uns Sozialdemokraten anführen, da gibt es Texte, wie zum Beispiel *Brüder zur Sonne, zur Freiheit*. Da könnte man auch die Schwestern mit einbeziehen«, sagt die ministeriale Nadelstichlerin und fordert einfache Änderung statt aufwendiger Maßschneiderei eines neuen Lieds.

Im Zug der Diskussion über Ergänzungen und Veränderungen des Grundgesetzes soll die katholische Kirche gleich mitmodernisiert werden. Hauptkritikpunkte sind der Zölibat und das »Berufsverbot« für Frauen als Priester in der katholischen Kirche. Nach dem Willen der vorgeschobenen Frau Edith Niehus, der Vorsitzenden des Bundestagsausschusses für Frauen und Jugend, sollen Religionsgemeinschaften, die gegen Grundrechte verstoßen, nicht mehr Körperschaften des öffentlichen Rechts sein können.

Da ist es nicht erstaunlich, daß mit zunehmendem radikalfeministischen Einfluß in den Leitungsgremien von US-Universitäten nun der amerikanische Religionswissenschaftler Harold Bloome herausgefunden haben will, daß die Urform des Alten Testaments von einer Frau geschrieben wurde, und zwar »aufgrund der Darstellung des als ausgelassen und kindlich beschriebenen Charakters Gottes, und weil sie – die »J« genannte Chronistin Gottes – der Erschaffung Evas sechsmal soviel Platz widmet wie der Adams«. Der Globalstrategie entsprechend, eröffnet im marokkanischen Rabat die Soziologin Fatima Mernissi[58] eine zweite Front, indem sie Mohammeds bisherige Interpreten der patriarchalen Fälschung bezichtigt. Freilich bleiben solche Bü-

---

[58] Mernissi, Fatima: Der politische Harem. Dagyeli. Frankfurt 1990

cher sowohl im christlichen wie islamischen *Fach*kreisen vorläufig ohne Bedeutung, in der westlichen *women's world* dagegen sind sie eine Besprechung auf der Kulturseite der Zeitungen allemal wert.

Die Originalität der theologischen ›Wissenschaftlerinnen‹ – vom Niveau her etwa den Hexen- und Matriarchatsforscherinnen vergleichbar – ist kaum wiederzugeben. Ein seriöses Wochenmagazin setzt seinen Lesern einen mehrseitigen Bericht über die Banalitäten der Theologin Elga Sorge von der Gesamthochschule Kassel und ihre(r) Liebhaber vor: Vor vier Jahren habe sie das Anfangs-»H« ihres Vornamens gestrichen als »Symbol für den Kampf gegen die kirchliche Diffamierung der Frau entweder als H-eilige oder als H-ure unter Männer-H-errschaft«. Wir erfahren, wie ernst es ihr mit ihrem von dem Blatt wohlwollend-ironisch kommentierten Kampf ist: »Am Abend ihrer Eheschließung und den folgenden Tagen« habe »sie Ehebruch begangen«. Wenn es dann um die Kirchenknete geht, die Frau Elga auch weiterhin beziehen möchte, will sie es unter Anrufung von 150 Zeugen, darunter Herrn Otto Waalkes, wieder nicht gewesen sein. Sei es, wie es sei, der Redaktion »klingen ihre Überlegungen bisweilen verblüffend einleuchtend«: »Der patriarchalische Allmachtsvater sei nicht omnipotent, sondern impotent, sonst hätte er Auschwitz und Hiroshima verhindert.« Da hat sie's ihm aber gegeben, dem alten Niemand!

Der Einfallsreichtum der Theologin Elga jedenfalls mündet in die imposante Idee, »dem Männer-Trio Gott-Vater, -Sohn und -eiliger Geist drei Göttinnen (Mutter, Tochter, Geistin)« beizustellen.

Der Beruf des Pfarrers hat in Deutschland an Ansehen eingebüßt; innerhalb von fünf Jahren ist er vom 5. auf den 12. Platz abgerutscht. Massenhafte Austritte beunruhigen die Amtskirchen. Designer für modernistisches *church-lifestyling* haben deswegen Konjunktur. Die Kirche darf nicht weiterhin im Dorf gelassen werden, wenn sie mit den Privatsendern konkurrieren will! Die Fernsehprediger richten ihre Konten schon ein. Viele Amtsträger versprechen sich da wenig göttliche, dafür viel weltliche Hilfe durch pragmatisches Einschwenken auf die Linie der Frauen, die auf Kirchentagen, in Arbeitskreisen, Vorträgen und kircheninternen Veranstaltungen feministische Theologie propagieren; als Lehrbeauftragte dafür fungiert in Kassel Elga Sorge. Nicht nur, daß Frauen jetzt auch in den Kirchen wütend werden dürfen, es sollen auch andere Formen des Gottesdienstes geboten werden, mit Tanz und Riesenspaß, Pommes mit Ketchup und Ratespielen, welchen Geschlechts denn Gott nun sei, und basisdemokratischen Abstimmungen darüber, welchen Geschlechts er künftig denn sein solle.

Strateginnen[59] sahen schon vor Jahren einen Erfolg feministischer Arbeit in den Kirchen dann, wenn »eine Organisation mit konfessionellem Hintergrund die Frage diskutiert, ob die Familie wirklich der Eckpfeiler der Gesellschaft sei« und »die dafür verfaßte Broschüre von den angeschlossenen Organisationen benutzt« wird und gar, wenn diese Organisationen nunmehr noch eine Emanzipationsbeauftragte angestellt haben, um weiter an diesem Projekt zu arbeiten.« Solche Wunschträume sind längst in Erfüllung gegangen. Auch die Parlamente beugen sich dem Druck der Straße. In Dänemark ist die Schwulenehe legalisiert, jene Form des ehelichen Zusammenlebens, die bei Heterosexuellen angegriffen und lächerlich gemacht wird.

Um die Frauen bei der Stange zu halten, muß der *Macho*stel Paulus verdammt werden, der – wie nun schon tausendmal in der Presse zitiert – die Frauen in der Gemeinde zum Schweigen verurteilen wollte. Obwohl er in seinem Brief an die Galater

---

[59] de Groot/ter Veld: a.a.O., S. 25

(3/29) schreibt: »Es gibt nicht mehr Mann und Frau; denn ihr alle seid einer in Christus Jesus«, muß er als der Schuldige für die geringe Frauenquote in kirchlichen Spitzenämtern herhalten. Lesen wir also gemeinsam im Neuen Testament seinen ersten Brief an die Korinther (14/34): »Wie in allen christlichen Gemeinden sollen die Frauen in der Gemeindeversammlung schweigen... Wollen sie aber etwas wissen, so sollen die daheim ihre Männer fragen...« Bekannt ist von den Briefen des Apostels, daß sie »kein voll ausgebildetes theologisches System«[60] enthalten, »da die Briefe aus konkretem Anlaß zu bestimmten Problemen in den jeweiligen Gemeinden geschrieben« wurden. Offenbar aus solch konkretem Anlaß forderte der Apostel die Briefadressaten auf: »Bemüht euch um die Gaben des Geistes, am meisten aber um die Gabe der prophetischen Rede... zur Erbauung, zur Ermahnung und zur Tröstung.« Dann wettert er des langen und breiten gegen das sogenannte »Zungenreden«, d.h. ekstatisches unverständliches Kauderwelsch. »Wer also in Zungen redet, der bete, daß er's auch auslegen kann«, fordert der vom jüdischen Saulus zum christlichen Paulus gewandelte Apostel. »Aber ich will in der Gemeinde lieber fünf Worte mit dem Verstand reden, damit ich auch andere unterweise, als zehntausend Worte in Zungen.«[61] Wie froh wäre mancher Diskussionsleiter – heute wie damals – schon gewesen, erfreute sich diese paulinische Generalklausel allgemeiner Akzeptanz. Es warnen ja auch die Strateginnen de Groot und Ter Veld[62] davor: »Häufig wird beklagt, in Frauengruppen werde so entsetzlich viel geredet, manchmal in einem Ausmaß, daß die eigentliche Arbeit paralysiert wird...«

---

[60] Meyers Enzyklopädisches Lexikon, Bd. 18. Bibliographisches Institut. Mannheim, Wien, Zürich 1976, S. 313
[61] 14/19
[62] a.a.O., S. 45

Auch in den Kirchen gibt es unzählige Frauenarbeitskreise, die – bewußt oder manipuliert – feministische Positionen vertreten. So legt die ganze 350 Mitglieder starke *Initiativgruppe vom Zölibat betroffener Frauen,* von denen 200 heimlich mit Priestern liiert sind, immer neues Material über die Unkeuschheit der Priester vor, während Uta Ranke-Heinemann, die – wie im Werbeprospekt zum Buch betont wird – »Tochter des ehemaligen Bundespräsidenten Gustav Heinemann, die evangelische Theologie studierte und als erste Frau der Welt Inhaberin eines Lehrstuhls für katholische Theologie wurde« die Priester im Buchtitel verkaufsfördernd als »Eunuchen« denunziert. Intellektuelle scheuen sich nachgerade, ihren alten »Kirchenkampf« gegen die katholische Kirche zusammen mit den im Geruch komplexbehafteter Rache- und Abrechnungswünsche stehenden Verbündeten weiterzuführen, die die Priester unter der Gürtellinie treffen wollen. Die Kirche ist angeschlagen. Von einem »Kampf« gegen die Kirche kann nicht die Rede sein; die Streiter und Streiterinnen rennen die inzwischen offenen Türen ein, an denen Karlheinz Deschner, auch Bertrand Russell und andere noch vor wenigen Jahren Gefahr liefen, sich die Köpfe einschlagen zu lassen.

Die Feministinnen aber sehen die patriarchale Kirche schon wanken. Sie wittern neue Gelegenheiten für das Eindringen von Frauen in kirchliche Ämter und mißbrauchen die Kirche als Vehikel für feministische Ideologie. Auf Erden wird ein Vakuum schnell aufgefüllt. Andere sind nämlich weniger konziliant als sogar der Vatikan und lauern auf die Chance, irgendwann den Papst zum Teufel schicken und die matriarchale Mondgöttin in einem *Mammi*kan zu Rom inthronisieren zu können. Die feministischen Halbmondstrateginnen und ihre *moon*-Forscherinnen ahnen vermutlich nicht, welche ganz anderen *Mun*-Strategien ihnen heimleuchten könnten.

4.3 Kampf um die Karriere

Um ideologische Widersacher mundtot zu machen, weisen Feministinnen auf deren (patriarchalische) falsche Sozialisation und die daraus resultierenden Vorurteile hin.

Überhaupt nicht in ihr Frauenbild passen die in Amerika[63] erarbeiteten Forschungsergebnisse, die aussagen, daß Frauen bei Intuition und Emotion aufgrund gehirnphysiologischer Gegebenheiten im Vorteil sind, Männer dagegen beim Erfassen mathematischer Zusammenhänge, bei logischem Denken und geographischem Raum. Die alten »Vorurteile«, die das Volk seit vielen Generationen aus eigener Erfahrung kennt und offenbar nicht böswillig zum Nachteil von Frauen erfunden hat, werden hier bestätigt. Die Inquisitionsfurcht der Autoren schlägt sich nieder in ihrem Vorwort, in dem sie sich rechtfertigen und beteuern, daß es ihnen nicht darum gegangen sei, ein frauenfeindliches Buch zu schreiben, und daß sie keineswegs die Errungenschaften der Emanzipation in Frage stellen wollten. Wer mag sich angesichts solcher Eiertänze noch wundern über die in der Tat physisch überlebensnotwendigen Widerrufe eines Galilei gegenüber einer mächtigen katholischen Kirche?

Gedruckt wird in den Medien und von Verlagen alles, was dazu dient, die Meinung in den Köpfen der Menschen zu zementieren, die Gleichheit von Mann und Frau sei göttliches Gebot und demokratische Pflicht und auf allen Gebieten unabdingbar. Untersucht werden daher auch Randgebiete, die von Kontrolleurinnen verdächtigt werden, Ursache für männliche Überlegenheit zu sein. Kaum werden zwei Autorinnen der *Bremer Zentralstelle für Gleichberechtigung* bei der tausendundeinsten Untersuchung der

---

[63] Moir, Anne und Jessel, David: Brainsex. Econ Verlag 1990

Rolle der Frau in Lehrbüchern für den Mathematikunterricht fündig, verbreitet das sanfte Netzwerk die Meldung mehrspaltig in der Tagespresse. Dabei wird sogar lobend hervorgehoben, daß in den Büchern Jungen und Mädchen als gleichermaßen intelligent und aktiv dargestellt würden, jedoch kämen »als Mathematiker, Getränkefahrer, Sendeleiter beim Fernsehen, Bäcker oder Autohändler« berufstätige Frauen so gut wie nie vor. Offenbar paßte es besser ins Weltbild der Kritikerinnen, wenn sich die Schulbuchautoren ein Beispiel an den Abteilungsleiterinnen in den Fernsehanstalten nähmen, die, entgegen aller Lebenserfahrung, serienweise Frauen als Kriminalkommissarinnen, Unternehmerinnen, Revolutionärinnen, Rennfahrerinnen, Karatekämpferinnen und polterndes Selbstbewußtsein zur Schau tragende Reporterinnen auftreten lassen und entsprechende Drehbücher in Auftrag geben beziehungsweise abweichende boykottieren. Ob der Kaiserin neue Kleider allerdings die Misere der Unterpräsenz von Frauen in technischen und naturwissenschaftlichen Berufen und bei den Getränkefahrern so schnell beheben werden, wie die Klageweiber die Mathebücher zensieren, darf bezweifelt werden.

Zum Verdruß der Feministinnen geht es im Berufsleben längst zur Sache. Es wird immer offensichtlicher, daß nur der kleinere Teil der Frauen bereit ist, die Mühen und Entsagungen auf sich zu nehmen, die zu einer Anhebung ihrer Qualifizierung auf männliches Niveau notwendig wären. Bei der Diskussion des Themas fällt auf, daß die psychologischen Aspekte einfach weggelassen werden. So ist der Begriff der »Sublimierung« schon fast der Vergessenheit anheimgefallen, des Phänomens nämlich, daß Menschen, hier vor allem Männer, die sich unter elterlichem Erwartungsdruck und – neurotisiert – ungeliebt und wenig anerkannt fühlen, dies nicht selten durch berufliche und körperliche Leistungen wettmachen.

Manche der erfolgreichen Frauen haben das verächtlich gemachte männliche Prinzip von Kindheit an verinnerlicht und haben allein deswegen Karriere gemacht. Soweit sie Feministinnen sind, klagen sie hinter vorgehaltener Hand, daß das weibliche Fußvolk Gleichwertigkeit verwechsle mit »pseudogleichheitlichen Prinzipien« und sich anmaße, auf die feministischen Ideale vergangener Zeiten zu pochen.

Um alle Frauen aufzuwerten, soll das pfeilgerade Denken der Männer suspekt werden, Leistungsbereitschaft irrational sein und (nur männliches) Karrieredenken von Verklemmung zeugen. Das Ziel: Auch mittelmäßige Frauen müssen in Top-Positionen gehievt werden. Dann wird alles gut! Das für Männer erdachte »Peter-Prinzip«, wonach aufrückende Manager irgendwann die Position erreichen, in der sie überfordert sind, hat aber gerade bei den Quotenfrauen oft schon von Anfang an Gültigkeit. Überforderung mittelmäßiger Manager auf Spitzenpositionen bleibt auf Dauer aber nicht folgenlos für das Arbeitsklima und ist vor allem für die Unternehmen nicht kostenlos.

Weil es unmöglich ist, die Gründe für die faktische Unterpräsenz von Frauen in leitenden Positionen aus dem Stand zu beseitigen, sollen sich jetzt nicht mehr die Frauen in ihrem Bewußtsein und Sein verändern und der nüchternen Industriegesellschaft anpassen müssen, sondern die Männerwirtschaft soll den real existierenden Frauen angepaßt werden. Gleichzeitig sollen die traditionell den Frauen zugeschriebenen Eigenschaften – mit Geld und Prestige! – aufgewertet werden: Empfindsamkeit, Fürsorglichkeit, Hilfsbereitschaft, offenere Kommunikation, Ausdauer. Die auch von Frauen geschätzten »männlichen Prinzipien« (Durchsetzungsvermögen, rationaler Verstand, Logik, Konkurrenz) sollen diskriminiert werden, wenn sie Männern, nicht aber, wenn sie Frauen eigen sind. Über die fatalen Auswirkungen einer ideologisch motivierten Herabsetzung des herrschenden Leistungsniveaus sich Sorgen zu machen, wäre freilich Ausdruck patriarchalen Kausalitätsdenkens.

Die typisch weiblichen Pflegeberufe, Krankenschwester, Altenpflegerin, sollen als erste aufgewertet werden. Den im Pflegebereich Tätigen ist höheres Einkommen zu gönnen. Trotzdem: Höhere Löhne garantieren keinesfalls bessere Qualität und ethischeres Verhalten; eher könnten Menschen angelockt werden, die über wenig Opfer- und Hilfsbereitschaft, dagegen über Energie zur materiellen Verwertung ihrer starken Marktposition verfügen. Die Aussichten, über höhere Gehälter die richtig motivierten Leute zu bekommen, sind vage, zumal von Feministinnen das Ansehen von Frauen in helfenden, also den gebenden Berufen herabgewürdigt wird, im Gegensatz zum Prestige von Frauen, die den nehmenden Berufen angehören: Quotenfrauen, Fraueninstitutsangestellte, Frauenamtswalterinnen, kurz: Berufsfrauen. Karitative familieninterne Hilfe – gar unbezahlte – für Angehörige wird durch ein solche Entwicklung kurzsichtigerweise noch stärker diskriminiert und bürokratisiert. Als ob die lohnzahlungslose Hausarbeit, die Aufzucht der Kinder und die Altenpflege durch die Frauen jemals völlig gratis, ohne materielle und immaterielle Belohnung, ohne Vorteile für ihr individuelles Leben geleistet worden wären! Die Stellung der Mutter, der jiddischen, der italienischen, der amerikanischen und der deutschen, gaben ihr Macht in ihrer Umgebung, belohnte sie mit Selbstbewußtsein, Anerkennung, Autorität und war auch lebensverlängernd. In ihrer Umwelt war die Frau dominierend und einschränkend. Sie war oft genug die selbstbewußte graue Eminenz des Mannes, eine Persönlichkeit. Die Erfindung des Bargeld- und Gehaltsbarometers als alleinigem Gradmesser für Zufriedenheit und Selbstbewußtsein einer Frau ist neuesten Datums. Sie macht viele Frauen erst unglücklich.

Gleichwertige Teilnahme am gesellschaftlichen Leben soll

künftig bedeuten, das Einkommen für die Gesamtheit der Frauen nach dem Gießkannenprinzip auf das Niveau der Männer anzuheben. Was nicht wenige Männer durch – nicht zuletzt von Müttern erzwungene – »Sublimierungs«-Verzichte hart zu erkämpfen und zu erleiden gezwungen sind, wollen Frauen per Gesetz auf dem silbernen Tablett serviert bekommen. Sie haben es eilig damit: Die Eisen, die sie im Feuer haben, müssen geschmiedet werden, solange sie heiß sind. Deswegen wollen sie nicht warten, bis Ausbildungsniveau, berufliche und persönliche Fähigkeiten der Geschlechter einander entsprechen. »Jetzt oder nie« lautet das Motto einer Plakataktion von Politikerinnen aller Parteien, um den Gleichstellungs-Artikel des Grundgesetzes mit Hilfe eines Kompensationsartikels, der ausdrückliche Bevorzugung der Frauen vorsieht, zu verändern.

So wie mancher erst reich geworden ist, weil er ein Buch über das Reichwerden geschrieben hat, so sind viele Seminarveranstalterinnen und Unternehmensberaterinnen selten praxiserprobte Managerinnen, sondern kommen aus der klüngelnden Psycho-, Theater-, Pflege-, Sekretärinnen- und Sozial-Szene. Ein von Frauen aus durchsichtigen Gründen phantasiertes *Old-Boys-Network,* das ihnen Vorteile brächte, kennen die meisten Männer nicht. Dieser feministischen Phantasie liegt eine Projektion zugrunde, denn gerade Karrierefrauen-Beraterinnen wie die *Pömps*-Vorsitzende Karin Vogel propagieren offen: »Seilschaften für Frauen bilden, ist eines der Hauptziele. Wir klüngeln mit unserem Netzwerk.« Ein Handbuch von Ulla Dicks mit dem strategischen *Know-how* zur Nutzung bestehender und zur Gründung neuer Netzwerke erschien 1992: *Netzwerke und Berufsverbände für Frauen.* Die Frauen sollen erfahren, wo sie sich »Rückenwind« holen können.

Manchmal vermitteln sogar Propagandasendungen des Fernsehens ein anderes als das feministische Bild. So zum Beispiel eine

Mona-Lisa-Sendung über *Die Töchter der Emanzen:* Die Mütter, ehemals aktive Idealistinnen, sind materiell wenig erfolgreich, selbstverständlich geschieden, und sie bemühen sich, ihre damaligen Entschlüsse als richtig zu rechtfertigen und mächtig *power* zu demonstrieren. Nur die Töchter sind ungeraten: alle wollen irgendwann Kinder, wollen einen Mann, wollen auf keinen Fall den Weg der Mutter nachvollziehen; sie sind vom unsolidarischen Verhalten von Feministinnen enttäuscht und überhaupt vom zu engen Kontakt mit engagierten Frauen frustriert, weil sie nicht bereit sind, deren Ansprüche zu erfüllen. Beruflich sind sie – ihrem Alter unangemessen – wenig erwachsen. Noch immer studieren sie Fremdsprachen oder Sozialpädagogik. Mit Technik hat keine etwas am Hut. In jedem Fall glauben die – an die dreißig Jahre alten – Töchter, es käme darauf an zu tun, »was Spaß macht«. Ob das Studium einer Fremdsprache sowie Reise-Erfahrungen in fremdem Land ausreichen, um per Quote Karriere als Botschafterin zu machen? Wer könnte über eine solche Frage noch lachen? Gar nicht zum Lachen ist auch die Vorstellung, daß sich die *Mona-Lisa*-Redaktion vermutlich schon längst vor Frauengremien zu verantworten hatte, weil sie durch ihre Themenauswahl Wasser auf die Mühlen des Feindes Mannes geleitet habe.

Die Gründe für die Abstinenz von Frauen und Mädchen von High-Tech und Technik sind bis heute nicht erforscht. Anstatt zuschußberechtigt zum hundertsten Mal den Gründen nachzuforschen, sollten kluge Frauen die Tatsache akzeptieren, daß Frauen am Ende des 20. Jahrhunderts eben so sind, wie sie sind, und daß sie so in Ordnung sind, wenn sie so sein wollen. Sie werden mit dieser Einstellung (statistisch) sieben Jahre älter als Männer und regieren die Weltenläufte nach ihrer Art. Jedes Geschlecht und Geschöpf hat andere und eigenwillige Wege, seiner Art entsprechend durchs Leben zu kommen. Die Frau allerdings, die von einer Karriere als Regisseurin, Topmanagerin oder Chefin eines

Parfümkonzerns träumt, oder die städtische Baureferentin oder Ministerin werden zu müssen meint, muß sich sowohl weiblicher wie männlicher freier und unbehinderter Konkurrenz aussetzen. Wer A sagt, muß auch B sagen, eher er Q sagen darf. Wer in Top-Positionen arbeiten will, muß sich der dort herrschenden Konkurrenz aussetzen. Die 10 000-Tage-Schonfrist gibt es nicht. Wer heute qualifizierte Positionen anstrebt, muß heute Qualifikation vorweisen. Wer sich freilich nur auf statistische Zahlenvergleiche kapriziert, um allerorten Ungerechtigkeit in der Welt zu beweisen, wird weiterhin unglücklich über die Dominanz der Männer, die Ungleichheit der Haustiere Hund und Katze, der vermeintlichen Unvollkommenheit der Schöpfung oder der Evolution sein müssen und beklagen, daß die Schimpansen in Uganda erwiesenermaßen dümmer sind als die an der Elfenbeinküste.

Eine starre Quotenregelung würde als Jahrhundertsieg gefeiert werden. Merkwürdigerweise glauben die meisten der so oder so erfolgreichen Frauen im Gespräch immer wieder betonen zu müssen: »Ich bin aber keine Quotenfrau!« Aber auch durch Quote, Schonzeit und *beginner's luck* kann die Karrierefrau nicht vertuschen, daß das eigene Idealbild der Powerfrau, die in Bett und Büro gleichermaßen glücklich und erfolgreich ist, eine Horrorvorstellung ist, die viele Powerfrauen zu *alcoholics* und *narcotics* und zu Kettenraucherinnen statt – wie neuerdings viele Männer – zu Nikotinix macht. Diese längst vorhandene Einsicht gibt die neue Frau öffentlich nicht zu.

Um aber alle Frauen gleichzustellen, scheint es den Feministinnen notwendig, die weiblichen Attribute aufzuwerten, oder – falls das nicht gelingt – sie nach den Gesetzen der Politik der verbrannten Erde abzuschaffen. Weil es schon nicht mehr darauf ankommt, wird einmal mehr das männliche Prinzip in die Mangel genommen. Wenn nämlich die Frauen nicht zu Leistungen bereit sind, die Männer erbringen, so müsse das »Arbeitsethos aufgeweicht« werden, nach dem »Männer klaglos 60 Stunden in der Woche ableisten«, so fordert es Sabine Gröben, die Frauenbeauftragte der – wenn sie nicht schon nächstes Jahr pleite gegangen ist – bis zum Jahr 2005 mit 225 Milliarden vom Staat zu subventionierenden Deutschen Bundesbahn, unterstützt von Renate Toewe vom geschäftsführenden Vorstand der Gewerkschaft der Eisenbahner (GdED). Die Frauenbeauftragten der öffentlichen Dienste in Kommunen stimmen begeistert zu. »Erst wenn Männer bereit sind, Zeit für ihre Familie einzufordern und ihnen das nicht mehr als Nachteil, sondern als Pluspunkt in den Führungsetagen angerechnet wird, haben wir die Vereinbarkeit von Familie und Beruf erreicht« bestätigte die bayerische Sozialministerin (CSU).

Auf die Forderung von Frauenbeauftragten: »Die ganze Kindheit muß organisiert werden«, fällt jetzt anderes Licht. Die bürokratischen Perfektionistinnen hätten wenig Hemmungen, die Knaben schon frühzeitig durch Abschaffung des männlichen Prinzips in ihrem männlichen Neugier- und Erfinderdrang zu bremsen, sind sie es doch, die die Wettbewerbe *Jugend forscht, Jutec-Wettbewerb* fast vollständig bestreiten, und das mit Überstunden außerhalb der Schule! Für die Politikerinnen sind Teilzeitarbeitsplatzangebote die Voraussetzung für den teilzeitweisen Rückzug von Männern aus dem Berufsleben. Ganz recht ist ihnen das aber auch wieder nicht: Sie sehen darin auch ein zweischneidiges Schwert, denn Teilzeitarbeit ermögliche den Frauen zwar, Familie und Beruf zu verbinden und erspare ihnen das Entweder-Oder, vor das Männer nie gestellt seien, schreibe aber auch die überkommenen Vorstellungen von Arbeitsteilung zwischen Mann und Frau fest.

Die *trial-and-error*-Methode der Planspielerinnen ist kostspielig. Jahrzehntelang war es das von konservativer Seite torpedierte Ziel der Feministinnen, die Koedukation, also die gemeinsame schulische Erziehung von Mädchen und Jungen, durchzusetzen.

Nachdem die ursprünglich gesetzten Bildungsziele für Mädchen nicht erreicht wurden, fordern sie jetzt, von der gemeinsamen Erziehung wieder abzugehen. Grund für den Ruf nach Abschaffung der Koedukation ist die Tatsache, daß sie trotz der gebotenen Chancen zur Chancengleichheit von den Mädchen nicht genutzt wird. Zur Vermeidung eines Gesichtsverlustes und zur nachträglichen Rechtfertigung des viele Millionen teuren Schiffbruchexperiments soll sie nun auf freiwilliger Basis weitergeführt werden. Die Verantwortung für berufliches Versagen von Mädchen wird so von den ratlosen Berufsfrauen auf die unwilligen Mädchen verlagert.

Das in Deutschland unter der Federführung des Frauenministeriums geplante Gleichberechtigungsgesetz, das Feministinnen natürlich nicht weit genug geht, setzt wiederum am öffentlichen Dienst an, so als ob der nichts kosten würde. Er soll Vorreiterrolle spielen im Kampf um die Abschaffung der männlichen Prinzipien. Die Familienpause soll dann die Karriere nicht mehr behindern dürfen; mehr Teilzeitarbeitsplätze sollen es Frauen – verschämt in Parenthese: Männern – ermöglichen, »Beruf und Familie zu verbinden«. Klar, daß in der Bundesverwaltung der Anteil der Frauen von derzeit 27 auf 50 Prozent erhöht werden soll. Verpflichtet werden Ministerien, Stiftungen, Gerichte zu regelmäßiger Berichterstattung über ihre Fortschritte zur Erreichung des Ziels. In den vom Bund zu besetzenden Gremien sollen künftig zur Hälfte Frauen sitzen. Die im Gesetz enthaltenen Richtlinien möchte die SPD durch feste Quoten ersetzt sehen. Wehe dem Chef einer Behörde, der bekennen würde, er habe das Ziel mangels befähigter Frauen nicht erreicht! Nach kommandowirtschaftlicher Logik wird die Norm also erfüllt werden.

Jeder Unternehmer würde seinen Personalleiter auf den Boden der Tatsachen holen, wenn der ihm etwas von Männer-Seilschaften erzählen würde, aber nicht in der Lage wäre, eine offene Stelle optimal – ob durch Mann oder Frau – zu besetzen. Offenbar beobachten aber die Personalbeschaffer den Arbeitskräftemarkt sorgfältig, und vernünftigerweise ist das *Controlling* der mittelständischen Unternehmen so stark, daß Verluste für die sinnlose Suche von Frauen für Jobs, die auszufüllen sie sowieso nicht bereit oder in der Lage sind, vermieden werden. Den Vertreterinnen einer Frauen-Planwirtschaft allerdings ist es ein Dorn im Auge, daß die private Wirtschaft noch nicht im Dienste ihrer Zielvorgaben steht.

Personalchefs und Betriebsrätinnen flehen gemeinsam die »noch immer in untergeordneten« Stellen arbeitenden Frauen an, doch bitte, bitte eine Weiterbildung mit Aufstiegsgarantie mitzumachen. Vergeblich! Unter den 40 Bewerbern für 15 freie Stellen als Kaufhaus-Geschäftsführer/in war bei der *Quelle* nicht eine einzige Frau. Unter Tausenden von Mitarbeiterinnen fand *Bosch* gerade drei, die eine Umschulung zur Facharbeiterin machen wollten. Und wenn bei Frauenforen die Personalleiter eingeladen werden, damit ihnen der Kopf für die Unterpräsenz von Frauen in qualifizierten Berufen gewaschen wird, dann erscheinen aus den Personalabteilungen ausschließlich Männer, weil, wie sie beteuern, keine einzige Kollegin sich dazu bereitgefunden habe. Die Wünsche der Frauen gehen in andere Richtungen. Nach einer Umfrage der *Brigitte* vom Mai 1992 sind die Traumberufe, die Frauen begehren, Tierärztin oder Ärztin. Auf Platz zwei kommt die Reiseleiterin, dann die Lehrerin, die Stewardeß, danach die Künstlerin. Die realistischeren und bescheideneren Männer dagegen wären auf Platz eins am liebsten Handwerker, dann Ingenieur, Manager, Sportler, Architekt. Mädchen aber lassen sich als Arzthelferin, Verkäuferin, Friseuse ausbilden; die mit gehobenem Abschluß gehen in Büroberufe; nur drei Prozent machen eine Lehre in Metall- und Elektroberufen.

Im *Feministischen Forschungsinstitut* sind die Forscherinnen (mit nichtnaturwissenschaftlicher Ausbildung) über die Auswahl der Studienfächer durch die Schülerinnen und Schüler verzweifelt: Während in den Leistungskursen Jungen typischerweise die Fächer Mathematik, Physik, Chemie und Geschichte wählen, zeigen die Mädchen frauentypisches Studierverhalten durch die Wahl der Fächer Biologie, Sprachen und Kunst. Ab der 11. Klasse unterscheidet sich auch das Lernverhalten: Mädchen lernen pragmatisch, Jungen theoretisch. Andererseits kommen aus *reinen* Mädchenschulen 15 Prozent mehr Studentinnen für Naturwissenschaften an die Universitäten, wo sie aber wiederum auf junge Männer treffen, die ihnen den Schneid durch fachliche Überlegenheit abkaufen. Die Tagespresse aber jubiliert in Schlagzeilen »Mädchen haben die Nase vorn bei Abitur« und versteckt die eigentliche Nachricht, daß »sich das im sprachlich-literarisch-künstlerischen Aufgabenfeld (zeigt). Dagegen konnten die männlichen Kollegiaten ihre Vorherrschaft im mathematisch-naturwissenschaftlich-technischen Aufgabenfeld behaupten.« Die jungen Akademikerinnen studieren Sozial- und Geisteswissenschaften, am liebsten Germanistik; nicht einmal zehn Prozent beginnen ein Ingenieurstudium; nur drei Prozent studieren Elektrotechnik oder Maschinenbau. Wenn Frauen in Naturwissenschaften gehen, dann muß es sich auch lohnen: an den universitären Instituten für Biologie sind überwiegend Männer tätig; nicht weil Männer Frauen behindern würden, nein – weil die Frauen lieber in der – bessere Karrierechancen versprechenden – Biochemie und Gentechnik arbeiten! Damit haben wiederum die gegen die »männliche« Gentechnik eifernden Feministinnen ihre Probleme.

Die Frauen »kämpfen« darum, am Arbeitsleben teilhaben zu dürfen. Räkeln sich Unemanzipierte noch in der Sonne, so sitzen Karrierefrauen auch bei strahlendem Sonnenschein schon nicht mehr auf der Terrasse eines Cafés oder arbeiten in ihrem Garten (während der Pascha im neonbeleuchteten Büro sitzen darf). Die

Frauen wollen den wirtschaftlichen und gesellschaftlichen Aufstieg. Niemand kann dagegen etwas haben. Aber weshalb machen nicht – wie bei den Männern – nur einige wenige, Begabte, Fleißige, Tüchtige, Protégés, Abenteurer und Glückskinder Karriere, warum müssen alle Frauen ohne Ausnahme *Karriere* machen? Alle verhindern die Frauenkarriere: der Mann, das Patriarchat, der Staat, die Wirtschaft. Wer als Frau keine Kinder hat, keinen Ehemann und trotzdem keine Karriere macht, ist eine Idiotin, das ist in solchem Begriffs-Salat impliziert. Die feministische Sprachverschluderung ist so weit gediehen, daß man »Karriere« als reine Form von Berufsausübung durch Frauen ebenso falsch benützt, wie etwa das nur noch pejorativ gebrauchte Wort »Patriarchat« mit seinem etymologischen Hintergrund auch der Fürsorge, der Autorität, des Vertrauens, der Gerechtigkeit. Ob und wer das anerkennt oder ablehnt, steht dahin, jedenfalls war das bisher der Sinn und Inhalt des Begriffs. Zum Slogan gemacht, bekommt er anderen Inhalt, aber die Sprache verliert ein seit biblischen Zeiten erhabenes Wort.

Konfus wird der Anspruch aller Frauen auf eine Karriere dadurch, daß die Möchtegern-Karrierefrauen alle Männer als Konkurrenten ansehen und nicht einsehen wollen, daß eine Frau nicht schon deswegen zur Konkurrentin eines Mannes wird, nur weil sie gerne seinen Job haben möchte. Zu solcher Selbstüberschätzung paßt auch das oft zur Selbstrechtfertigung und Entschuldigung für eigene Erfolglosigkeit listig benützte *fishing for self-compliments,* wonach eine Frau mindestens doppelt (inflationärem Trend folgend neuerdings sogar fünfmal, ja zehnmal!) so gut sein müsse wie ein Mann.

Damit die Flunkerei nicht so auffällt, werden – nach schwedischem Vorbild – »männerfreie Lernzonen«, mit reinen Frauenkursen etwa für PC-Anwendung und EDV geschaffen. Jede Großstadt, die eine Frauenbeauftragte hat, ist dabei, eigene

Modellprojekte zu schaffen. Kulturfond, Frauenförderfond, Umschulungsfond, ABM-Fonds, EG-Sozialfonds werden angezapft. Christine Schiersmann, Führungskraft im ›*Institut Frau und Gesellschaft*‹ in Hannover berichtet über die Frau-und-Computer-Problematik:»Die Mädchen haben Angst vor den Cracks im Informationsunterricht...Für den Privatbereich lehnen Mädchen Computer dezidiert ab. Für sie ist die neue Technik ein Werkzeug, für die Jungen mehr ein Spielzeug.« Doppelt so viel Jungen wie Mädchen haben zu Hause einen Computer stehen, und Jungen haben einen enormen Wissensvorsprung in der EDV. Dabei könnte die ungeliebte Datenverarbeitung gerade Frauen neue Wege und Chancen eröffnen. Allerdings hilft hier – wie in allen meßbaren Sachbereichen – keine 50-Prozent-Quote, um sich zu qualifizieren. Zwar sind nur 19 Prozent aller im EDV-Bereich Beschäftigten Frauen, aber auch bei Hochkonjunktur stellten Frauen über 30 Prozent aller arbeitslosen Datenverarbeiter.

Im Gegensatz zu ihren idealisierenden Anfängen sehen Feministinnen Macht und die Politik des gegenseitigen Händewaschens längst nicht mehr als schmutzig und allein typisch für die patriarchalische Gesellschaft an. Im Gegenteil rechtfertigt das Ziel so gut wie jedes Mittel. Frauen schleusen bedenkenlos andere Frauen in vakante Positionen, auch wenn sie sie unmittelbar danach als Rivalinnen bekämpfen. Autorinnen legen neuerdings den Finger auf die Wunde, die Feministinnen gern verheimlichen möchten: daß nämlich Frauen im Berufsleben hinsichtlich der Bereitschaft, mit List und Tücke, aber auch mit Ellbogen, Sex und Skrupellosigkeit Vorteile zu ergattern, sich nur insofern von Männern unterscheiden, als sie diese darin noch übertreffen. In einer Reportage befaßte sich ein Wochenmagazin mit Frauen im Management. Die zitierten Autorinnen listen die Gemeinheiten auf, die Frauen begehen, die gewillt sind, sich hemmungslos emporzuboxen, und die dabei weder Freundin noch den Feind Mann schonen, ja sogar mehr Frauen »niederkämpfen« als Männer. Wenig überraschend resümiert das Blatt dann aber, ohne die angeblich Verdrossenen zu benennen: »Tatsächlich aber bereiten die Ansichten von Barber und Watson Unbehagen... weil die Analyse der Autorinnen in die falsche Richtung läuft... Frauenkarrieren vollziehen sich im Patriarchat.« Folgt die axiomatische Litanei vom *Old-Boys-Network* und den dank diesem dominierenden Männern. Die Analyse, die hier einmal in eine andere als die feministische Richtung geht, wird von den Besser-Femis als falsch denunziert. Es wird die Psychologin Claudie Harss zitiert, die die Meinung »postuliert« und dabei »in Fahrt gerät«: Wenn fast alle Führungspositionen fest in Männerhand sind, »dann haben die Frauen weiß Gott andere Sorgen als kleinliche Konkurrenzkämpfe untereinander.« Nun ist auch ein weltfremdes Postulat nichts anderes als eine plausibel erscheinende Hypothese, die aber unbeweisbar oder noch nicht bewiesen ist und eher falsch als richtig ist.

Wie es in den gemischten Redaktionen oder in reinen Mädchenschulen zugeht, soll hier dahingestellt sein. Das beschworene »entspannte Arbeitsklima mit seltenen Reibereien, wenig Rivalität, viel Offenheit« unter Redakteurinnen von Frauenzeitschriften schafft nicht die Tatsache aus der Welt: Chefredakteurin Alice Schwarzer vom Feminismusblatt *Emma*, in dem »eine Zeitlang rauhe Sitten« herrschten, »wurde von ihren Kolleginnen wegen autoritärer Staralüren zum *Pascha des Monats* gekürt«. Verwunderung bei naiven Gläubigen erregte auch die Wohnungsbauministerin Irmgard Schwaetzer (früher noch dem alten Adam hörig), als sie nach ihrer Niederlage bei der Abstimmung über ihre Berufung zur Außenministerin den Raum mit rotgeweinten Augen verließ: Ihr wird nämlich ein wenig rücksichtsvoller, eher ein rüder Umgangston gegenüber Parteifreunden und ein auffallend autoritärer Führungsstil nachgesagt. Auch die preisgekrönte Vorzeige-Journalistin Lea Rosh macht keine Ausnahme. Als Chefin eines Landesfunkhauses war sie von der Frauenfraktion ihrer Partei als Erlöserin begrüßt worden; inzwischen aber sei sie »unfähig zur Kommunikation«; sie entlarve ihre Mitarbeiter und »blaffe« sie an, anstatt mit ihnen zu reden. Enge Mitarbeiterinnen und Mitarbeiter haben die Konsequenzen gezogen und gekündigt.

4.4   Kampf als Unternehmerin

Die acht Senatorinnen der rot-grünen Koalition von Berlin nannten den Stil ihrer knapp einjährigen Amtszeit »sachlicher«; sie würden auf männliches »Imponiergehabe« verzichten. Unberührt von ihrer voraussehbaren Abwahl hatte die damalige grüne Familiensenatorin Anne Klein – mit ausgesprochenem Imponiergehabe – auf die feministische Pauke gehauen: »Man sieht es überall. Wo man – und die Manager begreifen es ja schnell – Frauen in qualifiziertere Positionen setzt, bringen sie bessere Leistungen als Männer...« Die schamlose Behauptung, daß Frauen in qualifizierten Positionen *überall* besser arbeiteten als Männer, soll nicht unwidersprochen »im Wirtschaftsraum des Mannes« stehen bleiben.

Anders als in politischen Organisationen oder im öffentlichen Dienst entscheidet über das Schicksal eines Unternehmers allein seine Gewinn- und Verlustrechnung. Um selbständigen Frauen auch in der freien Wirtschaft einen Sonderstatus zu geben, beten die feministischen Netzwerke Gründe herbei, um finanzielle Erfolglosigkeit von Unternehmerinnen zu beschönigen. Es sollen die Ursachen anders bewertet werden, die beim Scheitern eines Mannes als Unternehmer meist eindeutig sind: zu geringes Eigenkapital, Fehleinschätzung des Marktes und des Produkts, Mißmanagement, zu geringer Arbeitseinsatz, persönliche Unterqualifikation, Marktwidrigkeiten, Pech wegen unvorhersehbarer Marktgeschehnisse. Die betriebswirtschaftliche Beraterin von Frauenbetrieben beim autonomen Frauenfinanzierungsnetzwerk *Goldrausch*, die Berliner Dipl.-Volkswirtin Gerda Lischke, rechtfertigt die Frauenpleite: »Die Benachteiligung der Frau im Berufsleben wirkt als schwere Hypothek auch noch ins Unternehmerdasein mit hinein... Geringere Verdienstmöglichkeiten im Beruf führen später zu geringerer Eigenkapitalausstattung im eigenen Betrieb.« Immer wieder findet das von Staatsknete *beinahe* unabhängige »einzige Finanzierungsnetz für Frauenprojekte« in der Presse Raum für Erfolgsmeldungen über seine Arbeit. Es finanziert sich, wie man liest, auch aus dem Öko-Fonds, aus Spenden und von »Mitfrauenbeiträgen«. Presserummel und wirtschaftliche Bedeutung des Netzwerks stehen aber im signifikanten Unverhältnis: Mit weniger als einer Million war *Goldrausch* an der Unterstützung von Frauenprojekten bisher dabei.

Frauen gründen in der Tat Unternehmen in großer Zahl. Oft dienen sie aber nicht einem ökonomischen Zweck, also der Erwirtschaftung von Gewinn, der allein die Existenz eines Betriebs garantieren kann, sondern der Sinngebung fraulichen Lebens. Ungerührt und nicht weniger stolz antworten auch emanzipierte Geschäftsfrauen, daß es ihnen aufs Geld allein nicht ankomme: »... mein Mann verdient ja gut!«

Ihr Frausein wollen etliche ganz besonders dynamische Jungunternehmerinnen als Referenz für ein schnelles Entree in die die alte Vetternwirtschaft ergänzende Cousinenökonomie benützen. Um sich einen Vertrauensvorschuß zu sichern, gründen sie Organisationen für Frauen. Da gibt es Immobilienmaklerinnen für Frauen, Geldanlageberaterinnen für Frauen, Versicherungsvertreterinnen für Frauen, das Software-Haus für Frauen, Weiterbildung für Frauen, Laufbahnplanung für Frauen. Die Umsätze entsprechen natürlich nicht den Erwartungen der Unternehmerinnen, deswegen sind sie als Eintagsfliegen bald vom Markt verschwunden. Auch mit den Rentenfonds *Fonds pour Femme* und der *Börsenbienen* macht nur die Propagandapresse Staat. Anerkannt muß werden, daß sie auch mitteilt: »Einen Schönheitsfehler aus der Sicht der Expertinnen hat das Projekt allerdings: Zur Betreuung haben sich lediglich zwei männliche Anlageberater bereitgefunden, Kolleginnen waren nicht zu gewinnen.« Die Deutsche Bank allerdings meldet Fehlanzeige bei der Suche nach frauenspezifischen Börsen- und Bankprodukten: »Wir haben intensiv nach Marketing-Ansatzpunkten gesucht, aber da war nichts«, erklärt Burhardt Pauluhn von der Frankfurter Zentrale. Kein Wunder, wo in zwei Dritteln der westdeutschen Familien die Regelung der Finanzanlagen Männersache ist. In der DDR waren es 49 Prozent Frauen, die die Vermögensangelegenheiten erledigten; nüchtern interpretieren die Banker: weil »man mangels Wahlmöglichkeiten nichts falsch machen konnte.«

Mangels fundierter technischer Kenntnisse weichen viele Frauen auf typisch weibliche Branchen aus, die aber oft ohne Aussicht auf dauerhafte und ausreichende Gewinnerzielung sind: Sonnenstudio, Kosmetikstudio, Boutique, Geschenkladen. In der Regel verlangen sie nur geringe und schnell erlernbare Fachkenntnisse. Die Geschäfte sind oft nur sporadisch, nicht vor 10 Uhr geöffnet (und das nicht nur, wenn die Kinder in der Schule versorgt sind, wie sich das zu behaupten anböte), montagvormittags und mittwochnachmittags haben sie geschlossen, nicht selten läßt sich die Chefin vertreten durch Freundinnen, die Mutter oder die Schwester, die fachlich nicht auf der Höhe sind. Das Telefon ist meist belegt. So ist es kein Wunder, daß die Kasse nie stimmt, das Anfangskapital – meist die Ersparnisse aus den Erwerbsquellen des Ehemannes – schnell aufgezehrt ist, und die hochfliegen-

Werbeantwort

Peter Erd Verlag
Postfach 750980

8000 München 75

Absender: (Bearbeitung nur möglich, wenn leserlich)

Name und Vorname

Beruf

Straße

Wohnort

DER POSITIVE
TAGESTIP

089/7250126

Der positive Tagestip wird täglich
neu gestaltet, soll nicht nur Trost
und Hilfe in schwieriger Situation
geben, sondern manchmal auch nur
ein bißchen Freude in den sonst oft
allzu grauen Alltag bringen.

Auch als Taschenbuch erhältlich.

ISBN 3-8138-0136-5

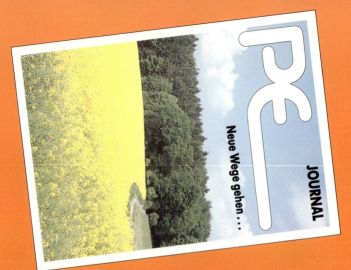

den Pläne die Familie in die Pleite mit langjährigen Abzahlungs-verpflichtungen stürzen. Gott sei Dank kann sich mancher gut-verdienende Ehemann ein solches Faß ohne Boden als steuerli-ches Abschreibungsobjekt über Jahre leisten, so daß das Selbst-bewußtsein seiner Ehefrau stetig zunimmt, leider oft einherge-hend mit einer Abnahme ihrer Wahrnehmung der ökonomischen Realität. Die Rationalisierung, die das Geschäft erst rentabel ma-chen würde, spielt sich dann nur auf psychologischer Ebene ab.

Wegen der journalistischen Liebedienerei in Sachen Feminis-mus erscheint die gleiche Propagandameldung immer wieder in den Medien. So wurde schon tausendmal über das Frauennetz-werk *Pömps*[64] berichtet. Als Vorbild dient das angeblich »be-währte *Old-Boys-Network*, das bekannte System der Seilschaf-ten, mit dem Männer Karriere machen.« Nach Informationen von der *FAU* (Frauen als Unternehmerinnen – nicht zu verwechseln mit *BFM* – Berufsverband der Frau im Mittelstand) geht das so: »Die Männer nutzen schon immer ihre eigenen Netzwerke, im Sportverein, am Stammtisch, im Industrieverband.« Ihre politi-sche Aufgabe sehen die Verbandsfrauen so: »Wir bauen ein Ge-gengewicht dazu auf und werden auf diese Weise schlagkräftig.« Man kann nur hoffen, daß die bisher zufrieden arbeitende Masse der Männer nicht von ihren Ehefrauen attackiert wird: »Nun gehst du schon seit 20 Jahren zum Stammtisch und zum Sportver-ein... Warum gehst du nicht einfach in den Industrieverband! Wird's jetzt bald mit der Karriere?!«

Die Profis der Management-Trainingsbranche ziehen nach; die Fachzeitschriften sind voll von Frauenthemen; und so wird von jedem Veranstalter ein Spezialseminar für die das Topmanage-ment anstrebenden Frauen angeboten. Als »neues Fortbildungs-konzept« hat die Hamburgische Leitstelle *Gleichstellung der*

---

[64] Partizipation in Öffentlichkeit, Management, Politik und Sozialem

Frau ein Seminar im Programm: *Fortbildung zum Thema sexuelle Belästigung am Arbeitsplatz.* Ob hier auch männliche Teilnehmer erwünscht sind, wäre zu eruieren; verdächtig würde sich der lernwillige Personalchef in jedem Fall machen.

Feministinnen versprechen, patriarchalisch-ausbeuterische und -inhumane Arbeits- und Lebensbedingungen würde es nach dem Sieg des Feminismus nicht mehr geben. Zunächst freilich ging der Titel »frauenfreundlichster Betrieb«, den die *Vereinigung von Unternehmerinnen* (VvU – nicht zu verwechseln mit VdU: Verband deutscher Unternehmerinnen) vergibt, an einen Mann, Klaus Hering, Geschäftsführer eines Galvanisier-Betriebs. Zur »Unternehmerin des Jahres« kürte »eine illustre Jury aus Wirtschaftsexperten«, wie die Tagespresse zu berichten wußte, die 48jährige Chefin einer Dental-Handels- und Produktions-GmbH, die 30 Millionen Mark Umsatz macht. Lobend wird die feministische Apartheid erwähnt: »Die Geschichte des blühenden mittelständischen Unternehmens ist auch die Geschichte der praktizierten Ungleichbehandlung eines Geschlechts, des männlichen nämlich... Auch für technische Arbeiten werden Mitarbeiter*innen* gesucht (!) für einen Betrieb, ›in dem Frauen die erste Geige spielen‹«. Aber: Die in Führungspositionen tätigen 15 Männer bei insgesamt (nur) 55–70 Angestellten seien wohlgemerkt nicht das Ergebnis einer Quotenregelung, sondern »Notlösungen, weil gleichwertiger Ersatz unter Frauen nicht gefunden werden« konnte.

Frauen als erfolgreiche Unternehmerinnen gibt es trotzdem in großer Zahl. Die meisten haben mit dem Feminismus nichts am Hut, obwohl sie verständlicherweise nichts dagegen haben, von ihm zu profitieren. In Deutschland arbeiten über 520 000 Frauen als Selbständige; sie sind aber fast ausschließlich im Dienstleistungsbereich tätig als Ärztin, Zahnärztin, Rechtsanwältin, Steuerberaterin, Dolmetscherin, Versicherungsvertreterin, Heilprak-

tikerin oder in Branchen wie Gastronomie, Pensionen und Ho-
tels, Reisebüro, Friseur, Heimunterbringung, Ehevermittlung,
Wäschereien, Kosmetik, Taxigewerbe. Statistisch sieht es so aus:
92 von 100 Kosmetikgeschäften gehören Frauen, in 74 Prozent
aller Dolmetscher- und Übersetzungsbüros gibt es eine Chefin,
ebenso wie in 65 Prozent aller Wäschereien und Reinigungen. Bei
Rechtsberatungsfirmen sind 10 Prozent, bei Gebäudereinigungen
13 Prozent Frauen Chefinnen.[65] Bauunternehmen werden nur in
sechs Prozent der Fälle von einer Frau geleitet, meist von einer
Hinterbliebenen des Firmengründers.

1992 errang den Titel »Unternehmerin des Jahres« die 32jährige
Bauunternehmerin Dr. Annette Winkler, Tochter des vorherigen
Firmeninhabers. Eine Reporterin zitiert »die Frau, die von sich
selbst stets als ›Unternehmer‹ spricht«: Neben einer 75-Stunden-
Woche gelte es, an sich selbst zu glauben und nicht mit dem
Gefühl herumzulaufen, ›ihr Männer mögt mich sowieso nicht‹.
Erst als ihr Bruder, ›der Kronprinz‹, abgesprungen war, hatte sie
das Geschäft übernommen« und es nicht nur erfolgreich geführt,
sondern auch noch eine marode andere Baufirma aus der Verlust-
zone geführt. »Die Banken haben mein Konzept finanziert, das
bis jetzt aufgegangen ist.« Offenbar hat die von einem Champa-
gner-Haus gekürte Unternehmerin andere Vorstellungen vom
erfolgreichen Arbeitsethos als die Berufsfrauen der öffentlichen
Dienste und die Eisenbahnergewerkschafterinnen oder die jam-
mernden Unternehmerinnenberaterinnen. Das noch gar nicht
richtig installierte *New-Girls-Network* aber funktioniert: Kaum
war die Pressenotiz erschienen, als bei der Preisträgerin ihr bis
dahin völlig unbekannte Frauen anriefen, um ihr Bauaufträge und
Beraterposten anzutragen, wofür sie sich in ihren jeweiligen Unternehmen stark machen wollten.

[65] DIHT, Broschüre »Frau und Wirtschaft«, 1989

Daß die Frauen zunächst 50 Prozent, später mehr des Vorhandenen *kriegen* wollen (»Wir wollen die Hälfte der Welt – jetzt!«) ist im System unserer Gesellschaft und Wirtschaft ja noch in Ordnung. Über das Märchen einer vom weiblichen Geschlecht des Unternehmers abhängigen spezifischen Humanisierung der Arbeitswelt aber kann man nur lachen. Nicht nur, daß die Erfahrung mit Firmeninhaberinnen anderes lehrt; kein lebenserfahrener Mensch glaubt, daß weibliche Unternehmer, die echtes Risiko tragen, sich anders verhalten als männliche.

Fast hätte die Großunternehmerin Beate Uhse das Bundesverdienstkreuz bekommen. Ein Riesengeschäft durch die totale Entwürdigung der Frau im Video- und TV-Pornogeschäft macht niemand anderes als die Großunternehmerin Teresa Orlowski. Die geheimen Wünsche der nach Haben trachtenden Menschen verwirklicht das Kapital maximal. Es hat sich hier wie dort verselbständigt und verlangt nach Maßnahmen und nach dem Ort, wo höchste Renditen erzielt werden.

Danach haben sich weibliche ebenso wie männliche Topmanager, die fremdes Geld in ihrem Unternehmen bewegen, zu richten, wollen sie nicht (von männlichen wie weiblichen Kapitaleignern) gefeuert werden. Erfolgreiche Unternehmerinnen richten sich danach.

4.5 Kampf für Huren

An das Märchen vom verelendeten Aschenputtel, das ein diabolischer Verführer in die Prostitution zwingt, glaubt niemand mehr. Trotz des inzwischen höchsten Gehalts- und Lohnniveaus in den hochtechnisierten westlichen Ländern ist die Zahl der einheimischen Prostituierten nicht zurückgegangen, im Gegenteil: Immer mehr auch vergleichsweise gutsituierte Frauen, Studentinnen, Hausfrauen oder Angestellte entscheiden sich für den einträglichen Gelegenheitsstrich. Es kommt den Feministinnen aber darauf an, durch Kolportieren der Legende von der ausgebeuteten Unschuld vom Lande *den Mann* in den Geruch des potentiellen Zuhälters zu bringen. Das Schicksal der exotischen Mädchen, die auch daheim schon auf den Berufs- oder Gelegenheitsstrich gegangen waren, und auch die Menschenhändler und Menschenhändlerinnen, die mit den vom westlichen Lebensstandard geblendeten Mädchen ihre anrüchigen Geschäfte betreiben, kommen den naiv entrüsteten Anklägerinnen da gerade recht.

Die Sprecherin der Gruppe *Kassandra,* die Prostituierte fördernd unterstützt, ließ – vor Insiderinnen – die Katze aus dem Sack und räumte mit einem uralten Vorwurf auf, der den Männern schlechtes Gewissen machen sollte: Heute schon übten 95 Prozent der Frauen ihren Beruf freiwillig aus, gab sie bekannt. »Das Klischee (!) von der mit Gewalt von einem Zuhälter zum Anschaffen gezwungenen Frau wird schnell verblassen, wenn arbeitsrechtliche Sicherheit die Tätigkeit gesellschaftlich sanktionieren würde.«

Zu allen Zeiten haben sich auch reiche und gebildete Frauen ohne materielle Not prostituiert, sei es aus Geldgier oder zur demütigenden Bestrafung und Verhöhnung des Ehemannes oder mangels individuellem Lebenssinn. Es sind Frauen, die sich als Chefinnen eines Bordells oder Callgirlrings an anderen Frauen bereichern. Das Gewerbe der Kupplerin oder Bordellmutter war noch nie eine typische Männerbastion! Über die unbewußten Motive und (Ab-)Gründe, die radikale Feministinnen veranlassen, in eigener Person feldversuchsweise mit dem Argument auf den Strich zu gehen, sie wollten »die Gefühle einer Frau kennenlernen, die ihren Körper verkauft«, soll hier nicht spekuliert werden.

Ein weites Feld eröffnet sich neuerdings konfrontierungs- und risikoscheuen, nichtsdestoweniger geldgeilen Frauen: Als keineswegs sittenwidrig nämlich anerkennt das Landesarbeitsgericht Berlin den berufsmäßig betriebenen Telefon-Sex. Die Praxis, bei der dem Kunden sexuelle Anregung durch ein Gespräch vermittelt werde, die Gesprächspartnerin aber anonym und in ihrer körperlichen Integrität geschützt bleibt, sei (nur) der Verbreitung pornographischer Filme und Schriften vergleichbar.[66]

Der feministische Kampf gegen den Teufel Mann tobt um jede einzelne Frauenseele. An die 20 Selbsthilfegruppen und Unterstützungsvereine für Prostituierte gibt es in Deutschland. Große Sorgen bereitet den Initiatorinnen das rüde Vorgehen der Stadtverwaltungen gegen die Prostitution und die Furcht, es könnten strengere Sperrgebietsverordnungen erlassen werden. Aber mit der Öffnung des europäischen Marktes sehen die Prostituierten auch eine Chance auf dem Weg zur rechtlichen Anerkennung ihres Gewerbes als normalem Dienstleistungsberuf. In die Sozialcharta soll die Anerkennung der »Sexarbeit« als Berufsarbeit aufgenommen werden. Mit einer 24seitigen Drucksache[67], ihrem »Entwurf eines Gesetzes zur Beseitigung der rechtlichen Diskriminierung von Prostituierten«, kämpften einstmals im Bundestag auch die Grünen um die Gleichheit aller Frauen vor dem Gesetz.

Fragen des Berufsethos wurden auf dem *Europäischen Hurenkongreß* in Frankfurt diskutiert wie auch auf dem bundesweiten *10. Hurenkongreß* in Nürnberg, auf dem 80 (!) Teilnehmerinnen im Namen von 500 000 in Deutschland arbeitenden Huren zu sprechen vorgaben. »Wenn die Rechtsprechung die Arbeit der Hausfrauen als beachtliche berufliche Tätigkeit anerkenne, obwohl sie keine Sozialabgaben leisten – warum dann nicht auch die

---

[66] Az.: 3 Sa 15/90
[67] Nr. 11/7140 vom 16. 5. 90

Arbeit einer Prostituierten?«, hat sich die Unterstützungsorganisation *Hydra* mit einem ihrer Köpfe gedacht. *Hydra, gemeinnützig anerkannt als Verein zur Förderung der beruflichen und kulturellen Bildung von Prostituierten,* behauptet stolz von sich, sie habe rund 200 Prostituierte als Krankenschwestern, Lackiererinnen oder Sekretärinnen unterbringen können.[68] Natürlich wurde das Projekt vom Berliner Senat finanziert. Auch für Frauen, die ihrem Gewerbe treu bleiben, engagieren sich die »Hurenvereinigungen«, etwa um ihre Befreiung, wenn schon nicht mehr aus der Gewalt der Zuhälter, so doch aus der des Finanzamtes und um zu erreichen, daß sie in die Renten- und Arbeitslosenversicherung aufgenommen werden.

Der Effekt der Agitation im Nuttenmilieu ist eindeutig, wie überall, wo erfolgreiche feministische *Agitprop* den Wettbewerb verzerrt: Der Service wird schlechter, und die Preise steigen. Freilich wird besonders hart die Arbeiterklasse geschröpft, vorwiegend die verbal ansonsten bevorzugten ausländischen Mitbürger, die kräftig für widerwillig erbrachte Leistung löhnen müssen. Für wenig erfolgreiche Männer hatten Frauen noch nie viel übrig, wenn es zum Treffen kam. Die reichen Männer dagegen frohlocken, weil sich ihnen neue Möglichkeiten zum Prestigegewinn durch Darstellung ihrer finanziellen Potenz bieten, etwa, wenn sie sich mit schönen und vor allem teuren Callgirls, mit »ständigen Begleiterinnen«, Photomodellen und anderen Glamourgirls zeigen dürfen.

Die Wochenbeilage einer großen Tageszeitung brachte eine offenbar nicht ironisch, sondern ernstgemeinte Reportage, in der Edelnutten mit Großfoto und Originalton vorgestellt werden. Essen von Feinkost-Käfer und aufputschende Amphetamintabletten gehören im Milieu der strichenden Schickeria zur Nor-

---

[68] *DER SPIEGEL,* 45/91, S. 90

malkost, erfahren wir. Und der linksliberale Leser erfährt von und über die mit vollem Namen genannte Einzelkämpferin und ständige Begleiterin und ihren alle Lebensbereiche durchziehenden Frauenkampf das Folgende: »... doch sie wurde diesmal nicht angetörnt, sondern aggressiv, hatte die Schnauze voll, warf den Männern alles an den Kopf, was ihr nicht paßte. Bis zum Morgengrauen. Dann machte sie noch einen Striptease, jedoch nur bis zur Unterhose. Und etwas Schlimmeres gibt's doch nicht für Männer, vor allem, wenn sie Gruppensex im Kopf hatten. Einer fuhr dann noch nachts zurück zu seiner Frau.«

Der distanzierende Unterton, den die Autorin anschlägt, kann ihre Bewunderung für die nicht in verniedlichenden Höschen, sondern schon in emanzipierten Unterhosen strampelnden Karrierefrauen ebensowenig kaschieren wie ihren Groll auf die Männer. Eine inzwischen alternde Schönheitskönigin, die offenbar nie etwas dazugelernt hat, bedauert sie so: »Sie lernte in Monte Carlo einen amerikanischen Multimillionär kennen und ließ ihn nicht mehr los, folgte ihm nach Amerika, begleitete ihn jahrelang auf Partys, verreiste mit ihm. Sie hat auch bei ihm gewohnt, aber nur fünf Tage in der Woche. Die restlichen Nächte mußte sie im Hotel verbringen. Sie ahnte die Gründe, sie wehrte sich aber nicht dagegen, ließ sich mit einem Taschengeld abspeisen, das große Geld würde eben erst nach der Hochzeit winken. Jahrelang hat sie auf den Trauschein gewartet, dann setzte sie der Liebhaber vor die Tür. Heute ist sie mittellos und strengt einen Prozeß gegen ihn an. Sie will wenigstens entschädigt werden, ›für meine schönsten Jahre‹«. Wem kämen da nicht die Tränen, außer den Frauen der hartgesottenen feministischen Gesangsgruppe, die ja so recht haben, wenn sie Vorkasse empfehlen (»laß dich mit vielen Männern ein, und verlang' den großen Schein«). Abschließend stellt die Gesellschaftskritikerin noch trotzig in den Raum: »Nun wird man fragen dürfen, warum in Zeiten wie diesen viele Frauen sich immer noch verhalten, als würde ihnen Bildung, Beruf und Selbständigkeit vorenthalten, warum sie sich immer noch reduzieren lassen auf das schiere Objekt, das schön zu sein und ansonsten den Mund zu halten (?) hat.« Den Versuch einer Beantwortung der trefflichen Frage unternimmt sie schon gar nicht.

4.6 Kampf in Uniform und oben ohne

Feministinnen schwärmen noch immer von ihren Schlachten um die Selbstbestimmung, nicht zuletzt um das eherne und unveräußerliche Recht der Frau, die Brüste an südländischen Stränden auch gegen den Willen einheimischer Polizeikräfte zu entblößen. Die Original-Machos in Südamerika, in Spanien, Griechenland, der Türkei oder in Afrika und Goa ließen sich gern provozieren, und das liebend gern auch außerhalb der für den *nude-look* reservierten Strandgebiete. Obrigkeitliche Verfolgung der barbusigen Märtyrerinnen durch südländische Landespolizei erforderte bald die Einbestellung des jeweiligen Botschafters ins Auswärtige Amt. Die einheimischen Männerprozessionen, die den Strand auf und ab pilgern, um mit den westlichen Gästinnen »das Gespräch« zu suchen, sind der kampferprobten Amazone Anzeichen für den bevorstehenden globalen Endsieg. In der Tat ist ja auch nicht einzusehen, warum der arme *fisherman* in der dritten Welt, der bisher dem Kultur-Schock entgangen war, nicht in den Oben-ohne-Nahkampf dieser *einen* Welt einbezogen werden soll.

Für die Bekleidungsindustrie erfreulicher, als der Kampf ums nackte Dasein sind die Bemühungen der Frauen, das Recht auf das Tragen von Uniformen zu erstreiten. Die Eltern der achtjährigen Margo Mankes, die »um Frauenrechte kämpft«, gingen aufs Ganze, als sie Klage einreichten, um die Mitgliedschaft ihres

Töchterchens in der amerikanischen Pfadfinderorganisation *Boy Scouts* zu erzwingen. Weltweit berichtete die Nachrichtenagentur *AP:* »Nun ist der Krieg eröffnet, um die Männerbastion zu erobern.« Die Statuten der *Boy Scouts* sollen zwangsweise »wegen Frauendiskriminierung« vom Repräsentantenhaus abgeändert und die Aufnahme von Mädchen – wie bei den *Brownies* und *Girl Guides,* wohin die Kleine aber nicht will – erzwungen werden. Die Klage ist sicher nicht auf dem Mist von Margo gewachsen, sondern auf dem ihrer vermutlich feministischen Mutter, die ihr Töchterchen auf dem Altar des feministischen Mutterlandes opferte. Durch ihren »Weltruhm«, der sich in zahlreichen Zeitungsmeldungen auch im fernen Europa niederschlug, dürfte Margo endgültig neurotisiert worden sein.

Freilich sind die Prinzipienreiterinnen noch weit entfernt von der Radikalität der Mitglieder des reinen Frauenklubs der französischen Revolution, der *Citoyennes républicaines révolutionnaires,* die sich alltäglich mit ihrem Strickzeug an der Guillotine versammelten, um jeder Hinrichtung fanatisch zu applaudieren. Nicht lange danach wollten sie durch brutalen Prügelterror alle Frauen zwingen, die blau-weiß-rote Kokarde und die rote Freiheitsmütze über kurzgeschnittenem Haar zu tragen. Als die *Tricoteuses* die Aufstellung einer weiblichen Nationalgarde und von reinen Frauenbataillonen verlangten, lehnte die Republik ab; das Potential wehrfähiger Männer war noch nicht erschöpft. Schließlich wurde der Club wegen seiner Brutalitäten verboten.

In unseren Tagen ist die Barriere, die Frauen vor dem Kriegsdienst mit der Waffe bewahrte, niedergerissen worden. Die Jubelpresse titelte: »Frauen dürfen an die Front«. Neue Karrieren stünden jetzt auch Kampfpilotinnen offen. Frauen haben sich im Westen das Recht erkämpft, in den Armeen Kriegsdienst zu tun – wenn sie mögen. Es handelt sich in den USA nur um *Kann-*Bestimmungen, so daß die Frauen nicht – wie Männer – ungefragt in den Kampf geschickt werden können. In der deutschen Bundeswehr ist die kämpfende Truppe für Frauen tabu. Diese letzte Männerbastion samt dem Tod für's (geschlechtsneutrale) Heimatland dürfen die Männer noch besetzt halten. In Friedenszeiten sind Männer und Frauen nur in der Grundausbildung gleichgestellt; im Anschluß daran sind Soldatinnen meist in Schreibstuben und Arztpraxen stationiert. Wenn die militärische Lage allerdings brenzlig würde, wäre die Volkssturmfrau sicher die letzte Hoffnungsträgerin.

Der US-Senat (überwiegend Männer!) hat sich im August 1991 mit 69 zu 30 Stimmen dafür ausgesprochen, daß weibliche Angehörige der Luftwaffe Kampfflugzeuge auch im Krieg fliegen dürfen. Das Repräsentantenhaus (überwiegend Männer!) hatte schon zuvor dafür gestimmt. Les Aspin, der Verteidigungsminister des feministischem Gedankengut gegenüber aufgeschlossenen Präsidenten Clinton gab im April 1993 den finalen Startschuß für die Heldinnenkarrieren. Dämmert hier jemandem etwas? Das wäre ja noch schöner, wenn Frauen nicht auch im heißen Krieg mitmachen dürften, wenn er nun schon mal sein muß! Senator Edward Kennedy wurde gar pathetisch: »Sie waren feindlichem Beschuß ausgesetzt, sie sind in Feindesland geflogen, sie haben Tod und Verwundung erlitten und sind in Gefangenschaft geraten; sie haben unter Bedingungen extremer Härte gelebt.« Die Rede ist vom Golfkrieg! Unter den 539 000 US-Soldaten waren bei der Operation *Desert Storm* 36 000 Frauen (sechs Prozent); insgesamt wurden 5 000 amerikanische Soldaten verletzt; nur drei Prozent davon wurden bei Kämpfen verwundet, meist durch eigenen Beschuß, vom Pentagon »freundliches Feuer«, genannt. Die anderen Maladen litten unter »Gallenproblemen oder hatten sich beim Sport in Saudi-Arabien verletzt« sagte Armeesprecher Bill Swisher. Von den amerikanischen 98 Kriegstoten waren fünf weiblichen Geschlechts, berichteten die Nachrichtenagenturen stolz von den Frauen, die »also nur geringfügig weniger Opfer als ihre männlichen Kollegen zu beklagen« hatten, auch wenn »Frauen nicht direkt an Kampfeinsätzen teilnehmen und mutmaßlich weniger gefährliche Aufgaben übernehmen« durften. Jedenfalls wurde in der deutschen Presse die farbige Sanitätshauptgefreite Tina Garrett groß herausgestellt, die von Splittern am linken Arm und Bein getroffen worden war, als ihr Truppführer beim Abkoppeln des LKW-Anhängers auf eine Landmine getreten war. Über das Schicksal des Mannes wurde nichts bekannt.

»Als Beitrag zur Gleichberechtigung« ist die Ansicht des deutschen FDP-Politikers Rainer Brüderle gegenüber der Emphase Kennedys ausgesprochen sachlich: »Wenn eine moderne Frau sich bereit erklärt, ein Maschinengewehr in die Hand zu nehmen, dann soll sie es auch tun können.« Auch Korvettenkapitän Jeff Smallwood (USA) betonte mit markigen Worten das Recht der Frauen zur Selbstverwirklichung im Kampfeinsatz, als er vor der Presse berichtete, daß von den auf dem Versorgungsschiff »USS Acadia« eingesetzten Soldatinnen 36 schwanger zurückgekehrt waren: »Diese Frauen haben ein Recht, schwanger zu werden.«

Die 600 000 Wehrmachts-Nachrichtenhelferinnen, aber auch die achthunderttausend sowjetischen Frauen, die im Zweiten Weltkrieg in der Roten Armee Dienst taten, erfuhren nach dem Krieg ebenso wenig Dank wie die zahllosen männlichen Krüppel. Sie waren heilfroh, aus der militarisierten Welt ins Privatleben zurückkehren zu können. Die verdumdummten Frauen von heute aber wollen Soldatinnen auf Lebenszeit sein. Gleichstellung um jeden Preis! Es ist nur eine Frage der Zeit, bis es soweit ist, daß Frauen am Gemetzel Mann gegen Mann teilnehmen dürfen. Gegen die Druckknopfbedienung ferngelenkter Raketen dürfte schon jetzt nichts mehr einzuwenden sein, wie man sich auch den Einsatz von Frauen im militärischen Abwehrbereich, etwa bei

Verhören dritten Grades mit »kurzen, harten Techniken gegenüber empfindlichen Stellen der Männer«, leicht vorzustellen vermag.

Die Frau ist jetzt nicht mehr die passiv Erleidende des Kriegsgeschehens, sondern sie wird die Erlebende, die Wilde und Starke, die das Grauen des Kriegs und Glanz und Elend des Militärs aktiv mitgestaltet. Auch Frauen sollen den Marschallstab aus dem modischen Tornister nehmen dürfen. Einen Grund, die 50-Prozent-Quote per Reißverschlußsystem aus Gleichheitsgründen nicht auch im Generalstab durchzusetzen, gibt es nicht. Als Frau General angesprochen werden zu können, war durch Heirat bisher verhältnismäßig leicht. Alice Schwarzer fordert jetzt, daß sie, und alle Frauen, auch eine ganz wirkliche Generalin werden könnte, wenn sie möchte, aber sie will gar nicht. Das Soldatinnenleben sollen Frauen nur auf eigenen Wunsch einschlagen *können,* jede gesetzliche Verpflichtung zum Dienst in den Streitkräften wird strikt abgelehnt. Sollte man meinen, daß von ihnen die Gleichheit von Mann und Frau etwa in der Weise praktiziert würde, daß junge Frauen eine Verpflichtung zu einem irgendwie gearteten »Zivildienst-Jahr«, ähnlich dem von jungen Wehrdienstverweigerern abzuleistenden Zivildienst, übernähmen, so wird man enttäuscht; die Sophistinnen lamentieren und argumentieren, daß die aus Boutiquen und Karrierespekulation herausgerissenen jungen Frauen durch eine solche Gleichstellung wiederum auf die typische Frauenrolle festgelegt und daher diskriminiert würden. Keineswegs darf es etwas »Soziales« sein! Und wie bei der jetzt auch für Frauen durchgesetzten Nachtarbeits*erlaubnis* wird argumentiert: Was Frauen nicht zugemutet werden könne, solle auch für Männer entfallen.

Jahrelang wurde die Polizei von Nachwuchssorgen geplagt. Die Innenminister waren schon ganz verzweifelt. Die Ablehnung einer 15jährigen Bewerberin wegen Tachykardie (gesteigerte

Herzfrequenz) war der Tagespresse eine halbe Seite Protest wert. Einer Frau einen Wunsch abschlagen, wenn sie schon mal möchte, na so was! Jetzt aber sind die Innenminister ihrer Sorgen ledig; wieder ist »eine der letzten Männerbastionen« im Kampf der Frauen um die Gleichberechtigung gefallen. Inzwischen kommen nämlich über 50 Prozent der Bewerbungen bei der Bayerischen Bereitschaftspolizei von Frauen; beim Bundesgrenzschutz sind fast die Hälfte der Nachwuchskräfte Frauen. In der Tat ist der Dienst als beamtete Ordnungshüterin auch aus außerdienstlichen Aspekten verlockend: Nicht nur macht es einer Beamtin keinerlei Problem, den Schwangerschaftsurlaub und die Familienpause in Anspruch zu nehmen; Tatsache ist auch, daß nur jeder vierte Beamte und nur jede vierzehnte Beamtin Dienst bis zur gesetzlichen Altersgrenze tun! Viele der Staatsdiener und -dienerinnen werden mit ansehnlichen Bezügen frühpensioniert. Solche Verlockungen mögen mancher auch den höheren Dienst bei der Bundeswehr schmackhaft machen.

Ob der militärische Flügel der Feministen schon vom Putsch der weiblichen Generäle träumt? Die Farbe der feministischen Feldzeichen ist lila. Wie anders nicht zu erwarten, gibt sich der Feminismus auch hier verhüllt: Nicht Rot und Purpur, die Farben der Macht, des Blutes und der Sexualität zeigt sein Panier; auch nicht Blau, die Farbe des Homo religiosus, des Himmels, des Traumes. Der Feminismus wählte die Farbe Lila zu seinem Farbsymbol. Typischerweise ist Lila eine ausgesprochen ungesättigte, gebrochene Farbe und besteht aus einem aufgehellten Violett, das im Farbkreis zwischen Rot und Blau, in der Farbtafel nahe einem Punkt der Purpurlinie angesiedelt ist. »Es geht mir so lila‹ deutet auf das Weder-Noch«, zitiert Frieling[69] in seiner Farbpsy-

[69] Frieling, Heinrich: Mensch und Farbe. Heyne Kompaktwissen, Nr. 3 1973

chologie den Volksmund. Lila ist eine Zwischenfarbe, hat von
Blau und Rot etwas. Lila ist auch die Farbe der Kirchentage, die
Farbe des Leidens, der Passion. Die aber behaupten die Femini-
stinnen ja gerade nicht mehr zu wollen. Was eigentlich, so fragte
Freud, will das Weib?

4.7 Kampf um die weiße Weste

Nach feministischer Propaganda ist die patriarchalische Gesellschaft Initiator und Verursacher der globalen Umweltkatastro-
phe. Der Feind Mann soll es sein, der seit Urzeiten für die Zerstörung der Welt verantwortlich ist. Die Frauen sollen jede Verantwortung für die historisch gewachsene Entwicklung ablehnen
und sich zu den naturbelassenen Opfern von Männerteufeleien
erklären dürfen. Aber nicht nur an der Umweltzerstörung sollen
sie allein schuld sein, die Männer, sondern auch an allen anderen
Übeln der Welt: Krieg, Gewalt, Fanatismus und Wahn, Unter-
drückung, Rassismus, Kolonialismus, Ausbeutung, Hierarchien,
Lieblosigkeit, Habgier und am persönlichen Unglück aller Wesen, kurz, an der Unvollkommenheit der Welt, ja, an der Unzu-
länglichkeit Gottes, denn von ihm schließlich predigen die Kir-
chenväter seit Jahrtausenden als einem *männlichen* Gott. Die
Feministinnen grenzen sich entschieden ab von dem als Ursache
für die Gesamtmisere ausgemachten »destruktiven männlichen
Prinzip, dem unabdingbaren männlichen Willen, jegliche Energie, deren er habhaft werden kann, auf das eine Ziel zu richten:
Tod, Vernichtung, nunmehr auf planetarischer Ebene«[70]...

[70] S. Kahn-Ackermann: Leben außerhalb der Lüge ist Ekstase, zit. von
D. Unverhau: a. a. O., S. 246. Siehe auch Margarete Mitscherlich

Der Dauerbeschuß mit Zwecklügen hat zur Folge, daß sich schon niemand mehr etwas dabei denkt, wenn die Robin-Wood-Frauenkommission im Mitgliedermagazin der Umweltschutzorganisation[71] von ihrer Absicht berichtet, »frauenpolitische Aspekte durchzusetzen.« Und dann beginnt über mehrere Seiten ein Schwadronieren über »die Ablösung des organischen durch das mechanische Weltbild aus weiblicher Sicht.« Die Berichterstatterin Dagmar Richter, die auch gleich noch »Fortsetzung im nächsten Heft« androht, »hebt die veränderte Bewertung der Natur und die Polarisierung des Verhältnisses von Männern und Frauen hervor.« Durch die Koppelung von Umweltbewußtsein und Geschlechterkampf soll offenbar unausgesprochen suggeriert werden, Frauen wären eher bereit und in der Lage als Männer, die Umwelt zu schützen und zu retten. Das (aber auch damals schon patriarchale) Organismusmodell, dem die aktivistischen Umweltschützerinnen nachtrauern, habe bis zum 16./18. Jahrhundert so ausgesehen: »Die Unterordnung des einzelnen Teiles, des Individuums, unter die gemeinschaftlichen Ziele von Familie, Gesellschaft und Staat galt als wesentliche Voraussetzung für das Zusammenleben und das Wohl aller... Innerhalb dieses organischen Ganzen existierte die Erde als ein weibliches Wesen... als lebensgebende und nahrungsspendende Mutter Natur, verschwand (sie) in dem Maße aus dem Mittelpunkt, in dem Kommerzialisierung und Industrialisierung vorangetrieben wurden... andererseits (war sie) zuweilen auch wild, unberechenbar und autonom... Die wilde, unberechenbare Seite offenbarte sich... in Stürmen (oh *Gilda!*), Dürre oder Überschwemmungen... Die gütige Mutter Natur hatte dem Zugriff auf die Bodenschätze, besonders dem Bergbau, Schranken gesetzt; erst später wurde sie zur übelwollenden, unberechenbaren Frau, die ihre

[71] Nr. 32, Januar 1992, S. 26ff.

(Boden-)Schätze vorenthielt. Gewaltsamer Zugriff (!), Eindringen (!) und Gewaltanwendung zu ihrer Beherrschung ließen sich so rechtfertigen.« Alles in allem, verkündet eine Kapitelüberschrift, führte das alles »Von der menschlichen zur männlichen Gesellschaft«, was ja auch heißen kann: weg von der Gesellschaft der Menschen zum *Un*menschen Mann. Am Ende des Elaborats gesteht die Verfasserin, daß die Erkenntnisse der Frauenkommission aus dem Buch einer Feministin stammen[72].

Bis jetzt sind die Historiker sich einig, daß Geschichte als Disziplin überprüfbar sein und allgemeinen Forschungsstandards gerecht werden muß, wenn sie als Wissenschaft und Forschung ernstgenommen werden soll.

Fragwürdig ist aber die verbreitete stillschweigende Berufung auf die »repressive Toleranz« (Adorno), die einen kleinen Schwindel zugunsten der großen Sache, beispielsweise die Betrachtung der Geschichte aus weiblicher – im Klartext: aus *feministischer* – Sicht zuläßt, sozusagen die Forschung mit dem lila Punkt.

Eine Räuberpistole aus dem Verlag *Frauenoffensive* hält uns das Buch *Die Mörder der Göttin leben noch*[73] vor, das die prominente Feministin Mary Daly »für eines der wichtigsten Bücher (hält), die aus der Frauenbewegung hervorgegangen sind.« Auch dort soll nachgewiesen werden, »wie westliche Wissenschaft und Technologie die Natur vergewaltigt hat, was in Versuchslaboratorien, in Wäldern, Meeren und Wüsten dem Leben angetan wird, und (sie) setzt dies alles in Verbindung zur Ausbeutung des weiblichen Geschlechts.«

[72] Carolyn Merchant: Der Tod der Natur. Frauen und neuzeitliche Naturwissenschaften. Beck-Verlag. München 1987
[73] Collard, Andrée und Contrucci, Joyce: Die Mörder der Göttin leben noch. Rape of the Wild. Verlag Frauenoffensive. 1989

Allein die Männer sollen die triebhaften Bösewichte sein, denen die geschundene Umwelt ihr Schicksal verdankt. Es waren aber Männer und Frauen gleichermaßen, die die Natur von Anfang an um des Überlebens willen mißbrauchten. Den Garten Eden gab es auch in grauen Vorzeiten nicht.

Man darf davon ausgehen, daß die frühen Menschen sich schon bald – wie die heutigen – als den Mittelpunkt des kosmischen Seins empfanden, um den herum sich alles übrige abspielt – ein homozentrischer Größenwahn, der Ursache der *Umwelt*zerstörung ist und dem auch der feministische Teil der Menschheit verfallen ist.

Spätestens von da an begann die Zerstörung, als die Menschen entdeckten, daß sich auf natürlichem Weg, etwa durch Selbstentzündung oder Blitzeinschlag entstandenes Feuer durch Menschenhand und -sorgfalt aufbewahren und vermehren ließ. Genau genommen begann die Klimakatastrophe durch künstliche Erwärmung der Atmosphäre mit der ersten Feuerstelle. Weil nicht anzunehmen ist, daß unsere Urahnen wußten, was sie mit ihrer phantastischen Entdeckung an Gutem und Katastrophalem in Gang zu setzen im Begriff waren, ist auch nicht zu vermuten, daß ihre Frauen etwas dagegen gehabt haben sollten; im Gegenteil! Der männliche Erwachsene, der im Dorf von Familie Feuerstein kein Feuer gehabt hätte, wäre bei den Frauen ohne Chancen geblieben und wäre von der Fortpflanzung kurzerhand ausgeschlossen worden.

Vermutlich war es für die Urfrauen wichtig, einen Mann um jeden Preis zu ergattern, dem wegen seiner Stellung in der Hordenhierarchie ein Anrecht auf einen bevorzugten Platz am wärmenden und nährenden Feuer zustand.

Mit der Bewußtwerdung des Lernens und der Möglichkeit, dadurch Fähigkeiten schnell weiterzugeben und zu steigern, begannen die Menschen, Männer *und* Frauen, die Erde zu verändern. So fing es an![74] Nach den Forschungen des Biologen Prof. Hermann Remmert von der Universität Marburg[75] begann gegen Ende der großen Eiszeit vor zwei Millionen Jahren die Entwicklung des Urmenschen zum folgenschweren »Störfaktor«, als er nämlich begann, das Gros der Säugetiere auszurotten. In Afrika verschwanden in dieser fernen Periode mehr als 30 Prozent der Großtiere, in Nord- und Südamerika 80 Prozent. Deswegen bot die Säugetiergemeinschaft auf dem amerikanischen Kontinent, auf den der Mann weißer Hautfarbe erst 20 000 Jahre später seinen Fuß erstmalig setzte, nur noch einen jämmerlichen Abglanz dessen, was die wilden Horden einstmals vorgefunden und vernichtet hatten.

Frauen haben im Verlauf der Evolution lernen müssen, ihre – mehr dem schutz- und hilfsbedürftigen Kind als dem groben männlichen Habitus ähnliche – Erscheinung für sich und gegen den Mann zu nutzen. Was wäre wohl geschehen, wenn sich die Frauen der Urzeit auf gewaltsame Auseinandersetzungen mit den ihnen körperlich überlegenen, mit geringer Bereitschaft zu Diskussionen ums Rechthaben ausgestatteten Urzeitmännern eingelassen hätten? Vermutlich hätten sie dabei nicht nur Haare, sondern auch ihr Leben lassen müssen, in jedem Fall den kürzeren gezogen. Aber sie haben zu überleben und zu leben verstanden, indem sie ihre höhere Stimmlage, die sanftere, weniger behaarte Haut, ihre Bartlosigkeit, die zierlichere Gestalt und kindähnlichere Gesichtsform zu ihrem Vorteil einzusetzen lernten, ebenso ihre Sexualität zu Belohnung und Sanktion. Vermutlich liegen hier die Wurzeln der sagenhaften »weiblichen List«.

Mit ihrer je nach Bedarf hervorgekehrten oder geleugneten

---

74 Buchtitel von Alice Schwarzer: So fing es an! Die neue Frauenbewegung. Deutscher Taschenbuchverlag. München 1983
75 Zeitschrift Naturwissenschaften, Heft 11/82

Schutzlosigkeit und Verletzlichkeit sind die Frauen von Anbeginn an gut gefahren. Die Frauen unserer sich im Dunkeln der Zeiten verlierenden Urahnen waren froh, vom größten Stück Fleisch der Beute ein schönes Stück abzubekommen. Sie lernten und fanden es notwendig, in jenen Zeiten permanenter Not denjenigen unter den Horden- und Höhlenmännern zu erhören, der auf der Checkliste der optimalen Voraussetzungen für gute Verpflegung und ungefährdete Nachkommenschaft die meisten Pluspunkte auf sich vereinen konnte. Von den »Leiden an den Zwängen der Männergesellschaft« war damals noch nicht die Rede. Im Interesse des Überlebens und der Arterhaltung war diese Art der Anpassung, die listige Nutzung vorhandener Potentiale, optimal. Auf jeden Fall war sie einer – ohne den sichernden Schutz eines »Gorillas« – jederzeit drohenden Katastrophe vorzuziehen.

Besonders die Kriege sind es, die als »Männerkrieg« allein dem männlichen Geschlecht angelastet werden. Christine Brückner[76] aber läßt in ihrer Geschichte *Du irrst, Lysistrate!* die Hetäre Megara pessimistisch zu Lysistrate und zu den Frauen Athens sagen: »»Ihr seid genauso schuld am Krieg! Ihr laßt ihn zu!... Ihr putzt ihnen die Helme blank, kratzt den Rost vom Schild... Ihr bewundert die Helden und macht ihnen den Krieg so angenehm wie möglich... Bedenkt auch eins: Die Mütter haben diese Männer so erzogen! Die Männer wären ängstlich, ganz wie wir, wenn man ihnen nicht gesagt hätte: Du bist ein Mann, sei tapfer! Weine nicht!... Ihr müßt eure Söhne mit der Spindel spielen lassen und sie trösten: Weine nur! Auch Männer dürfen weinen!‹ Die Frauen laufen Megara weg; ihre Rede kommt nicht

---

[76] Brückner, Christine: Wenn du geredet hättest, Desdemona. Ungehaltene Reden ungehaltener Frauen. Ullstein, Frankfurt/Berlin 1989 S. 61 ff.

an, und sie erkennt: ›Nun sind wir unter uns, Lysistrate. Sie werden deinem Plan nicht folgen. Meinem auch nicht. Es wird alles beim alten bleiben.‹«

Die Idee von einem Sexualstreik der Frauen, um einen »Männerkrieg« zu beenden, stammt aus dem Altertum. Vermutlich ist es eine Männerphantasie, vielleicht ein uralter Menschheitseinfall, um nach enttäuschter Kriegsbegeisterung mit den Schrecken der Kriegsfurie fertig zu werden, zumal wenn die – Männern *und* Frauen – einst so verlockend erschienene Aussicht auf Beute in die Angst vor einer drohenden Niederlage umgeschlagen ist. Der Mann Aristophanes (400 v. Chr.) hat diese komische und bis heute bedrohliche und erregende Situation in seinem Theaterstück *Lysistrata* behandelt. In der Praxis ist sie wegen der damit notwendig verbundenen materiellen und immateriellen Verzichte aber nie praktiziert worden. Der Einfall, den besiegten Männern des eigenen Volks den Beischlaf zu verweigern, kommt den Frauen ja immer auch erst dann, wenn die – bisher feindlichen – Sieger schon vor den Toren stehen.

Auch die unauffälligere Zerstörung der Umwelt soll allein auf das Schuldkonto der Männer gehen. Die eigenen Sündenfälle verdrängen die Frauen konsequent. Die weibliche Sicht der Dinge findet es in Ordnung, wenn Männern die Schuld zugewiesen wird, daß Frauen sich pflegen müssen, um Männern zu gefallen mit der Folge, daß sie anderen Frauen schaden und sie zwingen, die Umwelt zu belasten. Jedes Jahr verursacht allein in Deutschland die saure Dauerwelle bei viertausend Friseusen Allergien, die Krankheits-, Umschulungs- und Heilungskosten von 100 000 Mark pro Person verursachen. Aber auch schon in Steinzeitkulturen und vermutlich noch früher, später im Altertum und im Mittelalter, benützten Frauen als »smirunge« (Schminke) hochgiftige Substanzen: Für Rouge Mennige und für Weiß Quecksilber.

Die echten und vermeintlichen Bedürfnisse der Menschen haben die Umwelt zu dem gemacht, was sie heute ist. Rettung der Erde vor der finalen Katastrophe wird nach heutigem Selbstverständnis der Menschen nur die (männliche) Technik durch Entwicklung und Erfindung neuer Verfahren und Geräte bringen können. Die Frauen aber wollen sich eine weiße Weste verschaffen und den Männern den schwarzen Peter zuschieben.

4.8 Kampf in der Scheidungsschlacht

Je größer die staatliche Hilfe für Geschiedene ist, desto weniger sind die Menschen bereit, auf Schuldzuweisungen und auf die Aufrechnung alter Verletzungen zu verzichten. Statt dem Ehepartner zu verzeihen, bestehen sie auf Scheidung.

Scheidungsbegehren werden zu drei Vierteln von Frauen gestellt. 1991 wurden vor deutschen Gerichten 125 000 Scheidungsurteile gefällt. In den USA wird bereits jede zweite Ehe geschieden. Die Männer sind verunsichert und ratlos; dabei sind doch die Ansprüche der Frauen an den Mann seit Generationen die gleichen: Nur die Mädchenillusionen seiner Frau muß er erfüllen, einen guten Beruf soll er haben, lieb und zärtlich soll er sein, gut aussehen soll er, begehren soll er sie, aber seine Sexualwünsche soll er allein ihrem Gutdünken unterordnen. Mal sollte er schmucker Leutnant sein, aber auch Schieber waren in Notzeiten schon gefragt. Mal ist der Idealtyp der zärtliche Liebhaber, dann der erfolgreiche Geschäftsmann, ein Könner draußen im risikoreichen Leben, hart und clever, daheim offen und Schwächen zeigend, durchsetzungsstark im Beruf und umschaltbar auf Geduld und Verständnis für die Probleme seiner Frau. In jedem Fall aber hat er sich auf den jeweiligen Zeit- und Modegeist einzustellen, muß mal Softie, mal Macho sein, mal Rainer Maria Rilke, mal Schwarzenegger; kein Trottel, aber tolerant, durchsetzungsfähig und nachgiebig, männlich und leicht zu lenken.

Nach Jahren feministischer Propagierung des Softietyps und Hausmannes präsentierte in einer Frauenzeitschrift Frau Dr. Irene Krawehl-Weiss ihre neuesten Einfälle zu einem modischen Männerbild:»Welch ein Mann! Rhett Butler ist zurückgekehrt. Jener unwiderstehliche, verführerische Schuft, skrupellos und doch voller Großmut, zynisch, menschenverachtend, dann wieder leidenschaftlich und bedingungslos liebend – ein Mann, von dem Frauen träumen? Stahlhart ist dieser ewige Sieger, der nicht lange fragt, sondern nimmt, was er will. Auch (und gerade) in der Liebe. Er fordert Unterwerfung... Rhett kam zurück – und eroberte die Herzen von Millionen Frauen... Keine Werbeagentur der Welt kann so einen Erfolg (wie das Buch *Scarlett)* planen, wenn nicht die Zeit reif gewesen wäre... Können Sie sich etwa vorstellen, wie er den Öko-Müll sortiert und dem Sprößling die Windeln wechselt? Es scheint mir an der Zeit, daß all die Erforscher (sich)... um neue Antworten bemühen... um ein neues Frauenbild, in dem auch Platz für romantische Helden ist. Von denen offenbar selbst die ehrgeizige Karrierefrau (heimlich) träumt... Welch ein Mann! Leider bin ich noch nie so einem Typ begegnet.«

Von den Familiengerichten einer männlich dominierten Justiz werden Frauen eindeutig bevorzugt, abgesichert, geschützt, gerächt. Vermögende Frauen gibt es in immer größerer Zahl, es gibt aber wenige Frauen, die bei einer Scheidung durch ihren Exehemann finanziell ruiniert würden. Junge Männer stolpern dagegen meist ohne Ehevertrag in die Ehe, man ist großzügig und auch bereit, ein Risiko einzugehen und notfalls später dafür zu zahlen. Der Spruch von der Mark, die nach der Heirat nur noch fünfzig Pfennig wert ist, wird als die *conditio sine qua non* hingenommen, so sehr sind junge Männer darauf dressiert, erst einmal Geld zu investieren, ehe sie als Sexual- und Ehepartner von Frauen in Betracht gezogen werden.

Nur zehn Prozent der Paare schließen einen Ehevertrag über Gütertrennung. Ohne Ehevertrag sind die finanziellen Folgen einer Scheidung fatal bis katastrophal: Sämtliche vorhandenen Vermögenswerte werden halbiert und aufgeteilt, egal, wer welche Fähigkeiten in die Ehe eingebracht hat: der Mann, der einen Großteil seiner Jugend – nicht selten unter dem positiv verstärkenden Einfluß seiner Mutter – für seine berufliche Ausbildung und Karriere versäumt hat, darf ebenso die Hälfte des erworbenen Vermögens behalten, wie die andere Hälfte seine Gattin erhält, die nach dem Grundschulabschluß alle Hände voll zu tun hatte, um sich die Hörner abzustoßen, die sie ihm dann womöglich aufsetzte. Wenn das Paar Kinder hat, gehen bis zu 70 Prozent seines Einkommens an die Frau. Die »Rache« des Mannes besteht oft genug in dem kläglich scheiternden Versuch, durch gespielte Großzügigkeit und Großmütigkeit seine den Hausrat plündernde Frau zu blamieren, um noch ein wenig von seinem lädierten Prestige zu retten. Von den Geschiedenen oder Auseinandergehenden ist jeweils mindestens einer gezwungen, sich eine neue Wohnung zu suchen. Besonders Frauen sind erfolgreich, wenn es darum geht, den Partner auf die Straße zu setzen und die Wohnung für sich zu behalten.

Daß bei Frauen Geld und Sex in enger Beziehung stehen, unabhängig vom Geschlecht des Partners, diese Erfahrung mußte auch manche machen, die in einer schwachen Stunde der Geliebten einen Vertrag unterschrieben. So verlangte die Exlebensgefährtin Judy Nelson des Tennisstars Martina Navratilova nach dem Ende der lesbischen Beziehung die Hälfte sämtlicher Einnahmen, die die Championne in der Zeit der sechsjährigen Beziehung verdient hat, unabhängig von den rund 2 Millionen Dollar,

die sie schon vorher via Porsche und Juwelen von ihr erhalten
hatte. Bisher passierte das nur Männern. Da darf sich auch einmal
der faire Sportsmann freuen.

Die Liebe hört ja, wie die Freundschaft, bekanntlich beim
Geld auf; bei vielen Frauen – es ist wie verhext! – fängt sie ohne
erst gar nicht an. Aber wenn schon, dann streiten 68 Prozent der
Partner in der Beziehung ums Geld, eruierte die Zeitschrift
Freundin. Dabei sollen es wiederum bei 70 Prozent der Fälle die
Frauen sein, die den Streit beginnen. Besonders Frauen, die nach
der Hochzeit ihren Job aufgaben, wurme die finanzielle Abhängigkeit, ließ die Zeitschrift herausfinden. Das Märchen von den
um jeden Preis herrschsüchtigen Machos widerlegen die vom
Sample-Institut im April 1992 untersuchten 1 000 Paare und Familien. Obwohl dort in 79 Prozent der Mann der Haupt- bzw.
Alleinverdiener ist, und 40 Prozent der Frauen überhaupt kein
eigenes Einkommen haben, verwalten in 52 Prozent der Fälle die
Paare das Geld gemeinsam, 57 Prozent der Partnerinnen dürfen
uneingeschränkt über das Konto des Mannes verfügen, 35 Prozent zum Teil.

Nicht nur der Hausrat und die Rente müssen bei einer Scheidung aufgeteilt werden, sondern auch die Kinder. Um die Dauer
drohender väterlicher Einflußnahme durch zu häufige Besuchszeiten tobt der Kampf besonders heftig. Hier kann der Pascha
tödlich verwundet werden. Die Bestrafung soll ihn lebenslang
treffen. »Er soll an Nadelstichen verbluten!« dichtete Ludwig
Börne. In Berlin melden sich die Justizangestellten reihen-
weise krank, weil sie die wüsten Beschimpfungen der Gegner
nicht mehr aushalten. Tobsuchtsanfälle, gezückte Messer, feuer-
sprühende Haarspraydosen sind Waffen im Scheidungskampf.
Während im Normalfall die Männer im akuten Stadium einer
laufenden Scheidung mit Gewalt und Terror agieren, reagieren
die Frauen ihre Haß- und Rachegefühle erst später ab, eben

dann, wenn es um Besuchszeiten des Vaters bei den Kindern geht.

Scheidungskinder werden von Müttern als Geiseln gegenüber den Vätern benützt; meist sind die Kinder von der Mutter so gehirngewaschen, daß sie das böse und grausame Spiel mitmachen, das freilich für sie in Wahrheit überlebensnotwendig ist. Alle Untersuchungen stimmen darin überein, daß das eigentliche Leid der Kinder aus den nachehelichen Beziehungskriegen der Eltern resultiert. Der Vater, der sich sein Besuchsrecht juristisch zu erzwingen sucht, muß damit rechnen, daß die örtliche Presse den Fall im Sinn der Mutter hochspielt und er geschmäht und von einer Flut von Briefen emotionalisierter Leserinnen überschüttet wird.

Die seelischen Folgen einer Scheidung sind für Männer gravierender als für Frauen. In der *Times* wurde eine amerikanisch-britische Studie vorgestellt, wonach das Leben der Geschlechter nach einer Scheidung völlig unterschiedlich verläuft: Berufstätige Frauen engagieren sich in ihrem Beruf, um neues Selbstvertrauen zu gewinnen. Ob sie es auch bekommen, läßt die Studie unerwähnt, pünktlicher und regelmäßiger am Arbeitsplatz anwesend sind sie auf jeden Fall. Weil Männer ihre Energien schon vorher in ihren Beruf gesteckt hätten, könnten sie daraus keine neue Kraft gewinnen, im Gegenteil gehe ihre Leistungskurve deutlich bergab; ein übriges tue die abrupt unerwünschte Fixierung auf die Frau, also genau das, was sie ihm nicht zu tun immer vorgeworfen hatte.

Die Scheidungskrise kostet nach der Studie zufolge den Arbeitgeber durchschnittlich 15 000 Mark pro geschiedenem männlichen Mitarbeiter.

Es soll hier eine Frau Erwähnung finden, die vieles schon 1972 schrieb, was heute in Teilen geleugnet, in anderen als neueste feministische Erkenntnis verkauft wird. In ihrem Buch *Die*

Hälfte des Himmels[77] schreibt die damalige Marxistin Claudie Brodell: Solange der Mensch »revolutionärer Ziele beraubt ist, hat sein Leben keinen anderen Sinn als die Suche nach jener (ihn immer wieder enttäuschenden) Freizeit«, der Familie und illusionärer Flucht in die »sexuelle Kommunikation.« Aber dort findet er alles wieder: »... das Verhältnis von Unterdrücker und Unterdrücktem, den Warenwert, den Egoismus, die Konsumtion um der Konsumtion willen und so weiter.« »Erst wenn eine herrschende Klasse zugrunde geht und in ihrem Fall die Moral, die sie sich ersonnen hatte, mit sich reißt, erscheint der natürliche Charakter der Sexualität als das, was er war: ein Schleier, hinter dem sich die dreckigen Ausbeutungsverhältnisse verbergen... Um die sexuelle Repression zu besiegen, gibt es daher nur einen Weg: die Emanzipation der Frauen.« Anders als ihre heutigen Epigoninnen und die einfältigen unter ihren Mitläuferinnen es praktzieren, schreibt sie aber auch: »Die ›sexuelle Freiheit‹ außerhalb dieser Emanzipation zu suchen oder sie gar als *Mittel zur Erlangung* der Emanzipation zu betrachten, ist schlimmer als ein Trugschluß, es ist eine Bestärkung der Bourgeoisie, die nichts sehnlicher als das wünscht.«[78] Solche Forderungen mußten auf die Dauer freilich ohne Erfolg bleiben. »Die Pille«, das Forschungsergebnis des Mannes Gregory Pincus (die feministische Legende fabuliert allen Ernstes, er habe das »auf Veranlassung« einer ungenannten Frauenrechtlerin getan) hat langfristig die brüchige, aber historisch gewachsene Sexualmoral hinweggefegt.

Der Kampf um sexuelle Befreiung ist das Hauptziel der »fraumösischen« Revolution und ihres Rufes nach *Libertinage* und *Eklat*, nach *Fatalité*, Schwesterlichkeit und Liederlichkeit. An-

---

[77] Brodell, Claudie: Die Hälfte des Himmels: Wagenbach Verlag. Berlin, 1973, S. 153
[78] a. a. O., S. 165

ders als es die linken Frauen der 70er Jahre wollten, propagieren Feministinnen heute gerade die *Libertinage* als Basis für Emanzipation. Der Ehebruch wird propagiert, so daß der Begriff schon den Geruch der Peinlichkeit angenommen hat, wenn er einmal in seinem ursprünglichen – anrüchigen – gebraucht wird. Die Gleichberechtigung der Geschlechter ist aber noch nicht völlig erreicht, solange noch immer nur ein Drittel der Ehefrauen ›fremdgeht‹ gegenüber der – angeblich – doppelt so hohen Zahl an Männern.

In der Tat konnte sich der Macho, der früher liebevoll »Schwerenöter« genannte »Frauenheld« – meist ein Frauen verachtender Macker – noch nie so ausleben wie heute. Durch die in das progressive neue Frauenbild implantierte *Libertinage* findet er einen reich gedeckten Tisch vor, von dem er sich ungeniert und ohne seine Zeche bezahlen zu müssen, bedient. Der brave Mann dagegen darbt. Die Durchschnittsmänner fühlen sich nach einer Scheidung frustriert, die Frauen dagegen befreit. Geschiedene Männer machen auch öfter als Frauen den Schritt in eine weitere Ehe. Frauen sind anspruchsvoller und prüfen genau, ob sie wieder – und vor allem: wen – sie heiraten. Für hochqualifizierte Frauen »wird die Partnerdecke mit zunehmendem Alter immer dünner, wo bleiben die Männer für erfolgreiche Frauen?« klagen die Soziologinnen bei der Diskussion in den Single-Gruppen. Sollte hier nicht der Staat gefordert sein? In der Zwischenzeit werkeln die Feministinnen weiter, um die Basis zu weiteren Scheidungsaktionen zu ermuntern.

Der Misere der geschiedenen Ehe entgehen, und trotzdem in einer festen Partnerschaft leben, wollen die *Lats*, abgeleitet vom englischen *living apart together*. Jeder wohnt also in seinen vier Wänden und hat trotzdem einen festen Partner, die Kinder rotieren sozusagen. Kinder brauchen aber konstante Elternbeziehungen. Der Scheidungstrend wird ansteigen. »Aus Scheidungs-

kindern werden Scheidungstäter«, schreibt *DER SPIEGEL*[79].
»Sie lassen sich beinahe doppelt so oft scheiden wie Sprößlinge
aus intakt gebliebenen Familien.«

4.9 Kampf vor der Strafkammer

Wenn Frauen töten und dabei gefaßt werden, dann sind die Opfer
zu 85 Prozent[80] ihre Kinder, Ehemänner, Geliebten und Fami-
lienangehörigen; die Opfer von Männern entstammen diesem
Personenkreis nur zu 40 Prozent. Unter den erwachsenen Opfern
von Frauen waren 70 Prozent Männer, bei männlichen Tätern
hielten sich männliche und weibliche Opfer die Waage. Frauen
töten erst nach jahrelangen Konfliktsituationen und daraus resul-
tierender psychischer Überlastung, während Motive solcher Art
bei Männern in weniger als 20 Prozent der Grund für Tötungsde-
likte sind. Dagegen spielen kurzzeitige Affekte, wie etwa ein
Streit in der Kneipe, mit knapp 50 Prozent die Hauptrolle, wenn
Männer töten. Der erfolgversprechendste Imperativ der Krimina-
listen – *cherchez la femme!* – ist dabei noch gar nicht zum Zug
gekommen. Dagegen ließen sich nur neun Prozent der Täterinnen
zu einer Affekttat hinreißen. Frauen handeln also nicht im Affekt-
stau, sondern eher, so darf man vermuten, nicht nur erst nach
langer Qual durch seelisches Leid, sondern auch nach langer Qual
des Überlegens, Planens, Verwerfens, Neuplanens der Tat und
der Art ihrer Ausführung.

[79] Heft 8/92, S. 77
[80] nach Irmgard Rode, Kölner Fachhochschulprofessorin, die sämtliche
   von 1969 bis 1981 vor bundesdeutschen Gerichten verhandelten Tö-
   tungsdelikte analysierte, insgesamt 750 Fälle

Mörderinnen können vor Gericht einen Frauenbonus in Anspruch nehmen, oder umgekehrt: Die Richter wenden bei gleichen Delikten eine Männermalus an. Eine Tat im Affekt wurde in der Geschichte der Menschheit immer als für eher entschuldbar angesehen als die von langer Hand geplante. Trotzdem kommen Mörder männlichen Geschlechts vor Gericht schlechter weg als Frauen, die – von vorwiegend männlichen Richtern – mit Samthandschuhen angefaßt werden. Für die Gründe solcher umgekehrter, »positiver Diskriminierung« gibt es verschiedene Deutungen. Zu vermuten ist, daß weibliche Delinquenten bei männlichen Gesetzeshütern und Richtern ritterliche Gefühle erwecken, oder daß weibliche Verhaltensweisen wie Flehen, Tränenausbrüche oder der berechnende Einsatz weiblichen Charmes eine Rolle spielen; möglich auch, daß Richter die Frauen bei der Strafbemessung aufgrund verbreiteter Vorurteile als anpassungsbereiter und leichter formbar ansehen. Tatsache ist, daß Frauen in der Mehrheit der Delikte, vom Verkehrsverstoß und Kaufhausdiebstahl bis zu Raub und Erpressung im Vergleich zu Männern vergleichsweise milde bestraft werden. Hätten Männer eine Geschlechtslobby wie die Frauen, so dürften sie vorwurfsvoll jammern: Männer werden von der Justiz verfolgt, Frauen dagegen geschützt.

Männer haben aufgrund evolutionärer und historischer Entwicklungen das aggressiver zutage tretende Potential als Frauen; dieses Wissen ist uralt und wird hier nicht in Frage gestellt. Allein auf den Auswahlgesichtspunkt kommt es an, unter dem das Thema betrachtet wird, und darauf, ob das weibliche Geschlecht willkürlich seinen Vorteil ziehen und dem männlichen die individuelle und kollektive Alleinschuld an den Schattenseiten der Menschheit aufbürden darf. Die der plausiblen Erklärbarkeit und Faßbarkeit auch des beängstigenden Unerklärlichen wegen zur Atomisierung aller menschlichen Phänomene neigenden Feministinnen begnügen sich auch hier mangels anderer Theorien mit eingängigen Parolen: Alle Männer sollen – völlig undeterminiert – eigenverantwortliche, lustvoll-brutale Gewalttäter sein, Frauen dagegen sind Opfer eben dieser Männer und der männlich geprägten Gesellschaft. Die *Viktimologie*, die Wissenschaft, die die Beziehungen zwischen Opfer und Täter untersucht, ist Feministinnen schon gar ein patriarchalisches Fremdwort.

Je nach Staatsideologie und gesellschaftlichen und politischen Strömungen und Machtverhältnissen werden Angeklagte unterschiedlich streng bestraft. War bei vorangegangenen Generationen eine Vergewaltigung als Kavaliersdelikt ein relativ leichtes Vergehen, so gilt es aufgrund des gewachsenen öffentlichen Gewichts und Einflusses von Frauen in Politik und Justiz als recht und billig, daß Vergewaltiger ohne Berücksichtigung ihrer persönlichen Lebensschicksale und Sozialisation zu schweren Haftstrafen verurteilt werden. Umgekehrt hatte sogar die Entmannung und Tötung eines Vergewaltigers auf Zypern durch die vergewaltigte Tochter und ihre Mutter nach wütenden Pressionsprotesten von Frauen in der Bundesrepublik nicht einmal eine Mordanklage zur Folge, sondern führte zur Freilassung der angeklagten Totschlägerinnen. Die deutschen Feministinnen jubelten. Trotz des den Zyprioten anhaftenden Geruchs von Machos hatten es die Justiz- und Touristikmanager vorgezogen, die deutschen Frauen nicht zu verprellen und Geschäft über Sühne zu stellen. Klar, daß das statuierte Exempel nach dem Willen der Meinungsbildnerinnen Schule machen soll. Auf den in den Städten wild geklebten Plakaten mit dem Aufruf: »Frauen, bewaffnet Euch!« heben Frauen das Hackebeil zur Selbstjustiz.

Für viele der betroffenen Frauen ist eine Vergewaltigung oft die Lebenskatastrophe schlechthin. Die Gesellschaft ist sich heute einig, daß Vergewaltigung – wie Totschlag und andere Verbrechen an Leib und Leben – zu den Schwerverbrechen gehört und entsprechend schwer bestraft werden muß. Das Verbrechen einer

Vergewaltigung hat aber auch abgründige Anteile, so daß die Justiz sich vor formelhaften Urteilen und Strafzumessungen zu hüten hat. Die Schuld des Täters an den Folgen für sein Opfer wird dadurch nicht kleiner. Nach feministischen Wunschvorstellungen soll aber nach archaischem Vergeltungsdenken in allen Fällen Psyche und Lebensschicksal, mäßiger Reifegrad und Abnormität des ja in jedem Fall neurotischen, kranken Täters unberücksichtigt bleiben. In dem über ein Jahrhundert andauernden Kampf der Liberalen und Linken zur Durchsetzung der Umwelttheorie gegenüber der (einstmals »reaktionären«) Vererbungstheorie, siegen jetzt die Konservativen. Wo da der Unterschied von feministischem Rechtsverständnis und dem Rachegeschrei und der Straflust der angeblich ausschließlich patriarchalisch geprägten ganz und gar nicht schweigenden Bevölkerungsmehrheit an den Stammtischen sein soll, bleibt im Dunkeln.

Sexualtäter sind oft auch sog. *sensations-seekers* die suchthaft einen Kick zum psychischen Überleben brauchen und den ihnen die Abweichung vom gesellschaftlichen Normverhalten verschafft. Sie sind Persönlichkeiten, bei denen Intelligenz und Ausbildung und berufliche Tätigkeit verhängnisvoll auseinanderklaffen. Die Vollendung des Verbrechens scheitert häufig an der kranken Persönlichkeit des Täters, an seinem ihm angstmachenden Leistungsdruck und seinem unrealistischen Selbstbild.

Heute liegt es in der Hand eines jeden Angeklagten oder Anwalts, bei der Beurteilung eines beliebigen Verbrechens die Berücksichtigung der spezifischen Sozialisationshistorie des Täters und der beteiligten Mikro- und Makro-Gruppendynamik zu erstreiten. Bei Vergewaltigung ist es aber die Absicht der feministischen Juristinnen und ihrer Medien-Propagandistinnen, mit solcher Gefühlsduselei Schluß zu machen. Es ist kaum zu glauben, daß es sich noch immer nicht herumgesprochen hat, daß harte Strafen, ja nicht einmal die Todesstrafe, Täter von ihrer Tat abhalten können – im Gegenteil: Seit Jahrhunderten ist bekannt, daß zu den öffentlichen Hinrichtungen von Straßenräubern und Dieben eben solche aus dem ganzen Land zur Ausübung ihres Gewerbes anreisten, von dem die Obrigkeit sie soeben mit dem Beispiel drastischer Tortur abzubringen versuchte.

Was fällt dem Mann von der Straße ein, wenn wieder einmal das atavistische Unerklärbare die Öffentlichkeit erregt, die archaische Gewalt, ein irrationaler Mord, ein Sexualverbrechen, ein Massenmörder? »Aufhängen! Vierteilen! Kastrieren! Schwanz ab! Erschlagen und dann aufhängen!« Vermutlich sitzen auch die rachsüchtigen Feministinnen an ihren Stammtischen den in der Gesellschaft manifesten Projektionen und Ängsten auf, die nichts anderes zum Inhalt haben als die vehemente Abwehr verbotener und abgespaltener eigener – tabuisierter – Wünsche. Sie stehen damit in einer Reihe mit jenen *normalen* Häftlingen, denen eine Gefängnisrevolte Anlaß ist, an Delinquenten, die wegen Sexualverbrechen einsitzen, grausame und obszöne, in ihren Augen freilich gerechte und erlaubte Rache nehmen. Die Öffentlichkeit spendet ihnen klammheimlich Beifall.

Als Sieg für eine vernünftige Gleichberechtigung wird die Rechtsprechung des amerikanischen *Supreme Court* angesehen. Feinschmecker mit Sensibilität für das Pikante werden schon bemerkt haben, daß es sich bei dieser Instanz um eben jenen Obersten Gerichtshof der USA handelt, dem anzugehören sich der schwarze Amerikaner Clarence Thomas anschickte, als ihn seine ehemalige Mitarbeiterin Anita Hill der verbalen sexuellen Belästigung am Arbeitsplatz bezichtigte. Die amerikanischen Feministinnen bejubelten den Märtyrerakt der Anita Hill und die Diskussion des Themas in der Öffentlichkeit. Um den Tatbestand einer sexuellen Belästigung zu erfüllen, genüge schon, daß jemand die in den USA von Frauen und Männern häufig benützte saloppe Anrede *honey* gebrauche. Ein mißbrauchtes Kosewort, das die alte *Fanny* Hill noch zum Gähnen verleidet hätte, wird zum obszönen Verbrechen.

Wie um die Spannweite der Hetzjagd auch auf schwarze Männer abzustecken, folgte dem Prozeß gegen den gebildeten obersten Richter der USA der Sensationsprozeß gegen den von der Presse als Primitivling vermarkteten schwarzen Boxer Mike Tyson im Frühjahr 1992. Warum aber der sechs Jahre einsitzende Vergewaltiger ein halbes Jahr später in einer Frauenzeitschrift überdimensional mit nacktem Oberkörper abgelichtet erscheinen muß, kann nur mit der an das Ungeheuer gerichteten neugierigen Frage des Mädchenblattes unter dem Bild erklärt werden: »Wie geht es Ihnen im Knast?«

Oft geraten die Fronten durcheinander. Wenn der Popsänger *Prince* den *Sexy Motherfucker* besingt, vertreten plötzlich die Konservativen feministische Antidiskriminierungspositionen und wollen dem Pop-Gott das Fernsehen sperren. Mit solchen Verbündeten wollen aber nun wieder die Feministinnen nichts zu tun haben, obwohl doch gerade sie auf die Würde der Frau und Mutter bedacht sind. Der emanzipationsfreundliche Woody Allen war doch so beliebt bei den Progressiven beider Geschlechter; nun will ihm seine Lebenspartnerin den Ruf eines Mädchenschänders anhängen, und er untersteht sich, dies als die alltägliche Ranküne rachsüchtiger Frauen zu verallgemeinern! Soll dem angeblich mißbrauchten Mädchen die Peinlichkeit einer Zeugenaussage vor Gericht erspart bleiben, so überläßt die liebe Mia dem Fernsehen ein Videoband mit Erlebnisberichten des Kindes. Die Feministen sind in Nöten. Wenn er's war, der Woody, verliert man ein Idol, andererseits beweist es, daß alle Männer Schweine sind. War er's nicht, sind die Frauen von der Schutztruppe *Dolle Deerns* blamiert, die's schon immer gewußt haben. Aber den Woody Allen haben auch sie gern.

Es sind Sexualdelikte, die von der Justiz als typisch männliche

Verbrechen verfolgt werden. Dank des feministischen Trommelfeuers in den Medien zeigen mehr und mehr Frauen ihre Ehemänner, Väter und Stiefväter und männliche Verwandte, aber auch Kollegen und Vorgesetzte wegen sexueller Belästigung und »sexuellen Mißbrauchs« an. Ohne mit der Wimper zu zucken, akzeptieren Männer, Frauen und Mütter die Unterstellung, jeder Mann sei ein potentieller Vergewaltiger. Jeder Mann könne ein Kinder-, besonders ein Mädchenschänder sein, aber auch ein Gewalttäter innerhalb der Familie, ein Macho, der seine lächerliche männliche Ehre unter Einsatz körperlicher Gewalt jederzeit zu behaupten bereit sei und auf den Frauen besser ein wachsames und strafendes Auge hätten. Die Frauenvereine, die sich der Männerverfolgung und der Betreuung mißbrauchter Frauen und Mädchen verschrieben haben, behaupten gar, ein Mann, der die Freundschaft einer Frau mit einer heranwachsenden Tochter suche, sei mutmaßlich nicht an der Frau, sondern an deren Tochter interessiert und der Absicht des sexuellen Mißbrauchs verdächtig.

Sich Rachegefühle zu erfüllen, fällt angesichts der populären Hexenjagd auf Männer den Frauen heutzutage leicht. Männer werden verhaftet, weil ihnen von Frauen Vergewaltigung oder sexueller Mißbrauch der Kinder vorgeworfen wird. Bleibt das Kind oder die Frau bei ihrer Aussage, ist der Mann verloren. In den meisten Fällen, echten und getürkten, werden die anklagenden Frauen von Beraterinnen aus der feministischen Szene begleitet und für den Prozeß fit gemacht. Als Nebenklägerinnen bringen sie männerfeindliche Aspekte mit stereotypen Argumenten in den Prozeß ein. Es gibt kaum einen Gerichtsreport, in dem nicht immer wieder die gleichen und gleichlautenden seelischen Folgen für das Opfer der Vergewaltigung vorgebracht werden: Sie gingen nachts nicht mehr allein aus; sie müßten sich bei Schritten hinter ihrem Rücken umdrehen; sie reagierten nervös und verschreckt, litten unter sexuellen Störungen, alles Gründe, die von (auch männlichen) Richtern als strafverschärfend gewertet werden.

Der Geschlechterkampf ist in Gefahr, in eine Psychose zu entarten, die jede jeden zu verdächtigen zwingt. Jeder kann bis zum Nachweis seiner Unschuld verfolgt werden. »Im Zweifel für die Anklagende« fordern Leserinnenbriefschreiberinnen. Frauen sollen Männer denunzieren, Freundinnen Freunde, Kolleginnen Kollegen, Mädchen Väter und Stiefväter, Jungen ihre Väter. »Ob eine Frau sexuell belästigt wird, kann nur sie selbst definieren«, sagt lakonisch die frauenpolitische Fraktionssprecherin Hanna Wolf bei der Vorstellung des Gesetzesentwurfs der SPD zur Belästigung am Arbeitsplatz. Recht so! Noch viele Frauen müßten in die gesetzgebenden Gremien kommen, dann kämen wir bald ohne das umständliche Strafgesetzbuch mit seiner Definitionswut aus. Die Bundesfrauenministerin Angelika Merkel (CDU) will die sexuelle Belästigung in einem neuen Gleichberechtigungsgesetz festschreiben. Nicht der objektive Tatbestand soll dabei maßgebend sein, sondern es komme darauf an, »daß Betroffene die Anmache erkennbar ablehnten.«

Singapore, du hast es gut! In diesem wahrhaft patriarchalisch regierten Staat nämlich wird sittlich-moralisches Verhalten nicht nur von Regierung, Polizei und Justiz überwacht, es kontrolliert auch ein jeder den anderen. Wenn nun auch wir dabei sind, zur Errichtung eines überwachten Paradieses das Böse in der Welt mit Gründlichkeit auszurotten, dann müssen in einer hysterischen Verfolgungs- und Strafgesellschaft auch die Frauen von den Männern argwöhnisch beobachtet werden. In der Tat gibt es schon Männer, die sich als »Opfer erotisch motivierter, teilweise gewaltsamer Avancen«[81] von Frauen in Führungspositionen fühlen. In einem Prozeß, in dem Wort gegen Wort stand, wurde eine Firma

[81] *DER SPIEGEL*, 47/90, S. III

148

zur Zahlung von einer Million Dollar an ihren 33jährigen Angestellten verurteilt, weil sie nichts dagegen unternommen hatte, daß ihn seine Vorgesetzte sechs Jahre (!) lang belästigt, begrapscht, betatscht, umarmt und geküßt hatte. Bei den *Green Berets*, einer Elitetruppe, oder bei den Fallschirmspringern vom *82. Airborne Regiment*, die am Golf Dienst tat, sind *GIs* schon von weiblichen Vorgesetzten vergewaltigt worden. »Immerhin zehn Prozent aller Männer in untergeordneter Stellung fühlen sich belästigt«, schreibt *DER SPIEGEL*. Auch die Chefs erwerben sich nach einer *Emnid*-Studie schon lebenslängliche Traumata dadurch, daß sie Po-Kneiferinnen und »sexuellen Provokationen von Frauen durch hautenge Jeans und offenherzige Blusen« ausgesetzt sind. Der rettende Fluchtpunkt aus dem Büro- und Geschlechterterror könnte die Asexualität, die Jungfräulichkeit, die Lustfeindlichkeit sein und Mißtrauen und Distanz gegenüber dem Gegengeschlecht und Mißgunst gegenüber individuell als bedrohlich empfundener Lebensfreude – alles übrigens Attribute, die zu besitzen schon die alten Suffragetten in Verdacht gestanden hatten.

Im feministisch-fortschrittlichen Holland wurde der »heilige Gleichheitsgrundsatz«[82] ein weiteres Mal beglaubigt, weil die Rechtsvorschriften für Jungen und Mädchen zuvor unterschiedlich gewesen waren. Jetzt also dürfen Kinder ab zwölf Jahren untereinander und auch mit Erwachsenen sexuelle Kontakte haben, nur auf »freiwilliger Basis«, versteht sich. Wer aber, außer Frauen, traut sich von dieser Freiheit auf freiwilliger Basis Gebrauch machen? Männer leben auch in Holland gefährlich! Makaber ist jetzt die Erinnerung an die progressive Politszene, die sich in Deutschland noch vor wenigen Jahren mit Plänen zur Tolerierung auch von Sex von und mit Kindern hervortat und in den

---

[82] Liseth Rensman, Sprecherin des Haager Justizministeriums

mehr oder weniger verwahrlosten Stadtindianern eine *Avantgarde* sah.

In ihrem »zur Patriarchatsforschung« erschienen Buch *Jokastes Kinder*[83] klagt die französische Psychoanalytikerin Christiane Olivier die Väter an, daß sie für die Minderwertigkeitskomplexe der Frauen deswegen verantwortlich seien, weil sie der Klitoris des weiblichen Säuglings und Kindes, anders als die Mutter dem Penis des Knaben, kein offenes, dem Mädchen wahrnehmbares Begehren und Interesse zollten. Wer aber weiß denn heute, wie die feministischen Racheengel in zehn oder zwanzig Jahren ein männliches Verhalten beurteilen werden, dem heute auch die prominente Frau Olivier Beifall spendete? Die deutsche Bundesfrauenministerin fordert im Chor mit feministischen Organisationen, die Verjährungsfrist für sexuellen Mißbrauch viel später beginnen zu lassen, wenn nämlich die Mißbrauchten als Erwachsene erst in der Lage seien, die Täter anzuzeigen. Ob es dann noch der Wahrheitsfindung dient?

Viele Jahre haben sich Feministinnen über den sexuellen Mißbrauch von Mädchen durch männliche Familienangehörige nicht nur entrüstet, sondern an dem Tatbestand geradezu delektiert. Obwohl in den USA das Thema des sexuellen Mißbrauchs von *Söhnen durch Mütter* in der wissenschaftlichen Literatur seit Jahren diskutiert wird, bleibt das Thema öffentlich nachgerade tabuisiert. Es paßt nicht ins Konzept von der Alleinschuld der Männer an allen Übeln der Welt. Dabei würde es nicht überraschen, wenn es den Pharisäerinnen nur so lange um den Schutz der Kinder ginge, solange sie selbst noch nicht eine neumodische Lust am sexuellen Umgang mit Kindern für sich entdeckt haben. Beim 16jährigen *Lover* ist die selbstsichere Karrierefrau schon angelangt.

[83] dtv 980, 1987

Fast ließe sich hintergründige Ironie der Weltgeschichte vermuten, daß ausgerechnet jene Kreise, die Hexenverfolgung, Inquisition, Folter und Scheiterhaufen allein der Herrschsucht und Habgier der Männer anlasten wollen, unbewußt nun eben jene Methoden übernehmen, die damals wie heute ein Klima zur Ausgrenzung und Hinausdrängung eines bestimmten Personenkreises und zu dessen Verfolgung erzeugen. Der Keim für die Verfolgungspsychose wurde schon lange vorher gelegt: Karin Reschke[84] fiel an Alice Schwarzers Propagandarummel schon damals auf: »Und dann bei sehr vielen Begegnungen zwischen Alice und ihren Frauen die leicht konspirative Interviewsituation. Frauen treffen sich heimlich in anderen Wohnungen mit Alice und fangen zögernd an zu sprechen, bei laufendem Tonband:« Reschke fährt fort, daß: »... uns Alice klipp und klar (macht), wie das mit Frau A. im Grunde gelaufen ist, der typische Lebensweg der Frau aus dem Proletariat... Dann der Vater, der das kleine Mädchen nicht nur für sich arbeiten läßt, sondern sie zum Sex zwingt, worauf es Schuldgefühle bekommt, weil die Umwelt sie ihm eintrichtert, und am Ende noch besorgt ist, daß sein Vater ins Kittchen wandert dafür. Die Geschichte klingt mir zu einfach aufgeschlüsselt..., daß man den einen den schwarzen Peter zuspielt, dem bösen Vater, und den anderen ihre Sklavenabhängigkeit... Alices Schwarzweißschema läßt Hoffnungen jedoch nicht mehr zu. Ich kriege so ein Gefühl, als würde sie die Männer am liebsten alle einbuchten und die Frauen für immer vom Sex fernhalten. Mir schwankt der Boden unter den Füßen...« Diese Einsicht stammt von einer Frau! Den Männern schwankt der Boden nicht, und nichts schwant ihnen bei den Versuchen zu ihrer Abdrängung in eine abseitige, ja abartige Position.

---

[84] Reschke, Karin: Kursbuch 47, Kursbuch/Rotbuch Verlag 1977 S. 176

4.10   Kampf ums Geld

Wie alle Kämpfe um die Macht, so ist auch der feministische ein Kampf ums Geld. Um an das große Geld der Männer heranzukommen, ist die Erringung der Macht im Staatsapparat Voraussetzung für die Verfügungs-Gewalt über die Finanzen in öffentlicher und privater Hand. Weil die feministische Machtübernahme noch aussteht, können die Feministinnen vorläufig noch nicht aus dem vollen schöpfen.

Die Zuschußfrage ist allgegenwärtig, weswegen für die *radikalfeministischen Kader* das Akronym *Raffka* prägnant und spezifisch sein könnte. Durch das *ff* wäre auch der radikalistische Charakter der feministischen Ideologie gekennzeichnet. Assoziationen zum Begriff *ff* für »Ware erster Qualität« wären allerdings fehl am Platze.

Die weitgehend verwirklichte nationale, kontinentale und globale Vernetzung feministischer Gruppen und Projekte macht sich bezahlt. Präsidentengattinnen, Parlamentspräsidentinnen, Abgeordnete und Listenplatzbewerberinnen schielen berechnend und unterwürfig nach Lob und Unterstützung und nützen zwanghaft jede Gelegenheit zur feministischen Agitation auch vor reinen Fachgremien. Europa-Abgeordnete laden Frauengruppen ein, verschaffen Gelder. Finanzielle Unterstützungen können die *Raffkas* nicht nur bei der Bundesregierung und von jedem Bundesministerium, sondern auch bei den Bundesländern und den Gleichstellungsstellen der Kommunen nach Kurzantrag problemlos abrufen. Daneben stehen ihnen noch zur Verfügung: Gemeinden, Städte, Länder, Parteien, Gewerkschaften, Kirchen, Arbeitsgemeinschaften, Universitäten, Fachhochschulen, Volkshochschulen, Akademien, Anstalten, Ämter, Institute, Firmen, Verbände, Kammern, Vereine und mehr. Wie das Manna wolkenbrucchartig und im Überfluß auf die (Berufs-)Frauen herabprasseln würde, wenn eine rot-grüne Regierung an den himmlischen Geldschleusen sitzen würde, vermag sich der den warmen Regen missende Landmann kaum vorzustellen.

Da es sich um »patriarchalische Staatsknete« handelt, sind moralische Gewissensbisse bei richtigem Bewußtsein unangebracht. Ein Rechnungshof, der feministische Geld- und Einflüsse überprüfen wollte, ist nicht vorstellbar; sollte er aber jemals eingerichtet werden, so dürfte er nicht nur nicht mit Männern, sondern nur von feministisch agitierten und lancierten Frauen besetzt sein, sonst wäre er ein totgeborenes Kind.

Während sie kräftig einsacken, piesacken die *Raffkas* auch noch die gegenüber den Beutezügen paralysierten männlichen Geldgeber. So ist es ein makabrer Witz, daß Männern von den Amtswalterinnen der feministischen Forschungs- und Dokumentationszentren verwehrt wird, die dort gesammelten Unterlagen einzusehen, gar kritisch auszuwerten. Schon am Telefon wird dem Bittsteller bedeutet, daß er den Grund für seinen Besuch, sein Verlangen nach Einsicht oder Ausleihe, seine Motive und Absichten darzulegen habe. Der Hinweis auf die in Anspruch genommenen Steuerpräferenzen, die freie Meinungsäußerung oder die Freiheit der Wissenschaft wird gelangweilt abgetan mit der obligaten Schuldzuweisung, daß »die Männer die Wissenschaft über Jahrhunderte ebenfalls mißbraucht haben«. Wäre die katholische Kirche dem Galilei so kopernekisch gekommen, hätte er auf weitere Forschungen verzichten müssen, mit der Folge, daß sich das Patriarchat heute kein seiner Bekämpfung dienendes feministisches Dokumentationszentrum leisten könnte.

Unterstützt wird von der deutschen Bundesregierung fast alles, was die »Fachfrauen« fordern, mit Ausnahme ihrer verbandsinternen Mitgliederversammlungen und Vorstandssitzungen; gerechterweise, da dort ja erst die Strategie zur Erlangung der öffentlichen Mittel ausgetüftelt wird. Nicht gefördert werden laufende Publikationen wie Verbandszeitschriften; nicht so richtig laufende schon eher! Besondere Förderungswürdigkeit ist für das spendable Ministerium gegeben bei[85]

»Veranstaltungen,
- die Frauen über ihre Rechte und Möglichkeiten und die verfügbaren Hilfen aufklären und sie ermuntern, davon Gebrauch zu machen;
- die Frauen praktische Hilfen und Anleitungen geben, ihre Probleme in verschiedenen Lebenssituationen zu bewältigen;
- die konkrete Probleme von Frauen sichtbar machen und die Anregungen an die Bundesregierung zur Verbesserung der Situation von Frauen erarbeiten;
- die Frauen dazu motivieren, sich im gesellschaftlichen Bereich aktiv zu beteiligen und ihnen praktische Hinweise zur Durchführung ihres Engagements geben;
- die den Erfahrungsaustausch von Fachfrauen ermöglichen.«

Die große Mehrzahl der Förderungen von Projekten bezieht sich auf die Eingliederung der Frau ins Wirtschaftsleben; die Gleichheit der Interessen der Wirtschaft mit denen des Feminismus ist nicht zu übersehen. Von der Notwendigkeit eines Kampfes kann keine Rede sein! Die Utopie von einer Umgestaltung der Gesellschaft nach weiblichen – von der patriarchalischen Wirtschaft unabhängigen – Prinzipien wird für den Realisten fragwürdig, weil er sich nicht vorzustellen vermag, daß die Wirtschaftsverbände die Falle nicht bemerken sollten, in die der Feminismus sie

---

[85] sinngem. und Zitate nach: Merkblatt über die Förderung frauenpolitischer Vorhaben durch das Bundesministerium für Jugend, Familie, Frauen und Gesundheit im Haushaltsjahr 1991

laufen zu lassen vorgibt. Eher könnte es umgekehrt sein, daß nämlich die Feministinnen noch nicht gemerkt haben, daß sie eine Geschäftsführung ohne Auftrag der Industrie und ihrer Politikerlobby betreiben.

Weitere »Schwerpunkte der Forschung zur Erfüllung der frauenpolitischen Aufgaben des Ministeriums sind ... Vorhaben zu den Themen:

- Frau und Beruf
- Neue Technologien
- Die Frau in der Familie
- Vereinbarkeit von Frau und Beruf
- Berufliche Wiedereingliederung
- Frauen in besonderen Lebenslagen
- Soziale Sicherung
- Gewalt gegen Frauen
- Besondere Rechtsfragen zur Gleichberechtigung
- Frauen und Medien
- Die Frau in Politik und Gesellschaft
- Internationale Zusammenarbeit.«

Die Reizworte sind schon so ausgelutscht, daß es nicht nur schwerfällt, die Floskeln beim Lesen mit Sinn zu füllen, sondern daß es jedermann nach Belieben freisteht, aus den modischen Worthülsen eine Melange zu fabrizieren, ohne daß das im Forschungskatalog, geschweige denn im Etat, auffallen würde, oder daß die Themenslogans weniger Sinn bekämen.

Exzeptionelle Projekte:

- Soziale Gewalt und berufliche Gleichberechtigung
- Neue Familie und internationale Technologien

– Berufliche Sicherung und soziale Wiedereingliederung.

Wer würde auf den ersten Blick stutzen bei diesen drei – von mir erfundenen, exzeptionellen, außergewöhnlichen – Nonsens-Themen?

Bei solch gewaltigem Aufwand an Geld und weiblicher Intelligenz sollte die Frauenforschung den Großteil des Rückstands an Wissen über Frauen und die Möglichkeiten, die weibliche Arbeitskraft der Wirtschaft zuzuführen, aufgearbeitet haben und neue Forschungsgebiete erschließen, die der bisherigen Frauenbewegung unbekannt waren. Woran arbeiten aber die geförderten Forscherinnen an ihren Instituten und Einrichtungen? Wenn man die Themenstellungen klassifiziert, stellt sich heraus, daß es nur wenige Bereiche sind, in denen die Forscherinnen sich nicht doppelt, dreifach und tausendfach mit sich selbst beschäftigen.

Geldgeber und -nehmerinnen scheinen sich einig zu sein, daß die Untersuchung der Frage, inwieweit der Feminismus überhaupt der Gesellschaft der Zukunft als Ganzes förderlich ist, von der Förderung ausgeschlossen ist. *L'art féminisme pour l'art féminisme* ist statt dessen ihre Devise, nach der die seit hundert Jahren bekannten und referierten Themen überall und von immer den gleichen Forscherinnen immer wieder referiert werden, deren Referate von anderen Forscherinnen immer wieder archiviert und repetiert und kolportiert werden.

Auch die Mittel für die »Männerforschung« (von *Frauen* für Männer) wollen sich die Feministinnen aneignen. Das makabre Stadium einer narzißtischen und solipsistischen Gesellschaft, in der sich Forscherinnen ausschließlich mit sich selbst und mit ihrer Vorstellung von Wirklichkeit beschäftigen, wäre damit erreicht. Eine Männerforschung durch Männer wäre finanziell blockiert. Mehr als fraglich ist, ob eine Männerfrage überhaupt existiert;

das wird allein von Feministinnen behauptet. Die Erforschung einer willkürlich erfundenen Männerfrage durch feministische Institutionen würde nach allen Erfahrungen recht simpel allein durch die lila Feminismus-Brille geschehen, mit entsprechenden dürftigen und stereotypen Resultaten. Die Ergebnisse würden mangels einer unabhängigen und fundierten Männerforschung zu Lasten der Männer benützt werden. Aber auch dann, wenn Männer irgendwann zu ausgedehnter Beschäftigung mit sich selbst willens sein sollten, wären es logischerweise nur solche aus der 5. Kolonne des Feminismus, die *neuen* Männer, die an seiner Kandare im Kreis laufen.

Erst durch die formelhaften, von vornherein feststehenden Ergebnisse der Frauenforschung soll die Erschließung weiterer öffentlicher Geldressourcen in phantastischer Höhe gerechtfertigt werden. Denn daß eine feministische Forschung in den nächsten fünfzig Jahren zu anderen Ergebnissen kommen wird als zu solchen, daß Frauen noch immer benachteiligt seien, wird ja wohl niemand bezweifeln. Die Wahrscheinlichkeit, daß die männlichen Bundestagsabgeordneten die Antwort auf die Große Anfrage der SPD-Frauen nie gelesen haben, ist groß. Nur schwer kann man sich vorstellen, daß irgendein Abgeordneter – gar eine Abgeordnete – im Parlament zu fordern wagte, daß von der diskutierten Streichung von Subventionen auch die Frauenorganisationen betroffen sein sollten, ohne von deren Bannstrahl tödlich für die Karriere getroffen zu werden.

Im Jahre 1992 hat sich die Zuständigkeit des einstmaligen Bundesministers für Jugend, Familie, Frauen und Gesundheit (BMJFFG) allein auf Frauen und Jugend reduziert, was im Klartext heißt, daß es schon ein reines Frauenministerium gibt. Die Jugend ist da ein reines Feigenblatt, ganz abgesehen davon, daß die Hälfte der Jugend weiblichen Geschlechts ist und die männliche Hälfte unter Kuratel der Frauen steht. Offenbar hat sich die

Regierung schon damit abgefunden, daß die Zukunft der Frau und der Jugend gehört, wogegen die Familie dem absterbenden Teil der Gesellschaft zuzurechnen ist. Vermutlich deswegen auch benennt ein anderes Ministerium seine Zuständigkeit mit Familie und Senioren. Klar, daß beide Ministerien von Frauen geführt werden. Am Lamento über das Ausbleiben einer familien- und kinderfreundlichen Gesellschaftspolitik hat sich aber nichts geändert.

Noch einmal macht das Frauenministerium klar, wes' Lied es singt: »... so planen zur Zeit mehr als 2 Millionen Frauen ihre Berufsrückkehr in den kommenden Jahren ... Andererseits werden verstärkt Fachkräfte gesucht.« Deswegen wurde auch noch ein Modellprogramm aufgelegt, das Frauen fit für die Wiedereingliederung in die Wirtschaft macht. Die schlafenden Hündinnen sind geweckt, auch dann, wenn die Wirtschaft wegen rückläufiger Konjunktur weibliche Arbeitskräfte in geringerer Zahl beschäftigen möchte. Wer dann was plant, und wessen Pläne realisiert werden, wird sich zeigen. Das schlechte Gewissen aber sollen die Männer behalten; denn eigentlich bekommen die Frauen immer noch zuwenig.

5 Opfer und Folgen

Der Feminismus leitet seine Daseinsberechtigung von der Behauptung ab, alle Frauen seien in der von Männern dominierten Gesellschaft unterdrückt und würden am eigentlichen »Leben« gehindert. Indes ist Tatsache, daß neunmal so viele Frauen biblisches Alter erreichen wie Männer. Die genetische, immunologische und hormonelle Ausstattung der Frau bietet ihr längere Lebenschancen. Ohne der Segnungen einer matriarchalen Gesellschaft schon teilhaftig geworden zu sein – eher schon gerade deswegen – haben Frauen im Vergleich zu Männern eine durchschnittlich um vier bis sieben Jahre höhere Lebenserwartung. Auf 100 Männer, die älter sind als 65, kommen 160 gleichaltrige Frauen. Es gibt sechsmal mehr 60–65jährige Witwen als Witwer. Bis heute! Inzwischen wurde vielen Frauen beigebracht, daß einem lang-weiligen Leben ein wildes und gefährliches, eher kurzes vorzuziehen sei[86]. Daher zögern Frauen nicht, sich mit der je nach ihrem Typ zuständigen Zigarettenmarke zu Tode zu rauchen und sich den bisher Männern vorbehaltenen Karrierestreß aufzuladen. Zum Image der Haus- wie auch der Karrierefrau gehört neben der Zigarette auch König Alkohol. 800 000 alkoholkranke Frauen gibt es in Deutschland. Mehr als zweitausend durch Alkohol embryopathisch geschädigte Kinder werden jährlich geboren; die Dunkelziffer dürfte ein Mehrfaches betragen.

Wie die *WHO* im Mai 92 bekannt gab, werden im Jahr 2020 weltweit mehr als eine Million Frauen jährlich an Lungenkrebs

---

[86] Dietfurth, Jutta: Lebe wild und gefährlich. Verlag Rasch und Röhring. Zinnober Verlag. Hamburg 1991

infolge verstärkten Tabakkonsums sterben. Nur noch ein Drittel der Jungen fangen das Rauchen an, aber weit über die Hälfte der Mädchen. Man stelle sich das Geschrei und die krämerhaften Forderungen vor, wenn allein die Männer rauchten und dadurch hohe Behandlungskosten verursachten. Schon bei den Autoversicherungsprämien versucht die Frauenlobby immer wieder Vergünstigungen herauszuschlagen, weil die Frauen wegen ihrer vorsichtigeren und umständlichen Fahrweise und ihren gegenüber Männern niedrigeren Unfallziffern an der Gesamtschadenssumme geringeren Anteil haben. Aber nicht nur die Lungenkrebsrate steigt bei der weiblichen Bevölkerung. 70 Prozent der Medikamentensüchtigen sind Frauen, 30 Prozent der Drogenabhängigen, berichtet die Hilfsorganisation *Daytop*. 40 Millionen Rezepte für Beruhigungs- und Schlafmittel werden jährlich von Frauen eingelöst. 70 Prozent aller Psychopharmaka werden Frauen verschrieben. Gefährdet sind vorwiegend »Nur-Hausfrauen«, die zunehmend unter ihrer karrierelosen Rolle leiden. In den alten Bundesländern gab es 1991 50 000 alleinstehende Frauen ohne eigene Wohnung. Von den insgesamt 100 000 Obdachlosen sind 15 Prozent Frauen, die als »Pennerinnen« auf der Straße leben.

Immer mehr Frauen sterben an typisch männlichen Streßsymptomen wie Herzinfarkt, Leberzirrhose, Krebs. Wegen der Unzufriedenheit mit sich selbst, besonders wegen der Unerfüllbarkeit der eigenen Größenansprüche, treten vermehrt psychosomatische Symptome auf. Die Emanzipation erzeugt bei vielen Frauen eine Selbstüberschätzung, die nach kurzer Euphorie zu Depressionen und psychosomatischen Beschwerden führen kann. »Emanzipation macht krank« lautete sogar der Titel in einer *Mona-Lisa*-Sendung; das aber nur, solange die Befreiung noch nicht völlig gelungen sei und solange den Frauen Bildung, Gehalt und Status vorenthalten würden, erfuhren die Zuschauerinnen zu ihrer Ruhigstellung. Das Müttergenesungswerk berichtet, »Frauen mit Kindern beobachten argwöhnisch die Karrierefrauen und stehen damit zusätzlich unter Druck... Die Hoffnung, daß eine verstärkte Berufstätigkeit der Frauen ihre Situation einschneidend verändert, hat sich nicht so erfüllt.« Die Zuversicht der berichterstattenden Soziologin, daß mit Hilfe eines perfekteren Gefühls- und Versorgungsmanagements auch der propagierte Egotrip in den Griff zu kriegen sein müßte, ist aber ungebrochen: »Schuld an der Erschöpfung sind gesellschaftliche Aufgaben – von der Pflege kranker Eltern und Schwiegereltern bis zur Betreuung von Kindern und Eltern – die den Frauen aufgebürdet werden.«

Frauen wollen arbeiten müssen. Aber ein Drittel der deutschen Arbeitnehmer erreicht die Altersgrenze aus gesundheitlichen Gründen nicht. Mangelnde Qualifizierung erzeugt zusätzlichen Arbeitsstreß. Die Tragik des Geschehens, die aus dem Zwang der Frauen folgt, ihre Selbstverwirklichung im Arbeitsleben zu suchen, liegt darin, daß viele Frauen meinen, sie hätten die Wahl, daraus nach eigener Entscheidung wieder auszusteigen. Das aber ist nicht möglich. Wer sich in den Sog des Molochs[87] *Arbeitswelt* begeben hat, ist meist zu lebenslänglicher Fron verurteilt. Der Lebensstandard, die Gewohnheit, die Kollegen, das Gebrauchtwerden, die derzeitige Position und die nächsthöhere, die Unabhängigkeit, die Erwartungen des Chefs und der Freunde, der Imageverlust und vieles andere machen das Aussteigen ebenso schwer wie die Erinnerung an die einstmals zu Hause sinnlos vertane Zeit und die Furcht vor dem bloßen Dasein mit sich allein, ohne die Möglichkeit der Flucht in die Geschäftigkeit und Beschäftigtheit.

Zwei Millionen Deutsche leiden an Zwangsneurosen. Zwang-

[87] Moloch: alttestamentarisches Kinderopfer und Bezeichnung für verschlingende Macht.

haftes Verhalten kann für den Betroffenen Sinn haben: Nur (noch) die Befolgung des Zwangs gibt ihm das Gefühl von Sicherheit, nur auf die Wiederholung einer Handlung, auf den Zwang ist für ihn Verlaß. Eine international repräsentative Langzeituntersuchung stellt Prof. Manfred Fischer von der Psychiatrischen Universitätsklinik München vor. Die seelischen Erkrankungen nehmen zu, und zwar auch bei Männern. Einen Beweis dafür, »daß die Emanzipation die Männer psychisch krank macht«, kann er nicht vorlegen, als »denkbarer Grund« für die veränderten Krankheitszahlen seien die neuen Geschlechterrollen aber wahrscheinlich.

Der Dynamismus- und Jugendlichkeitswahn hat längst auch ältere Frauen erfaßt, die durch die in der Gesellschaft grassierende feministische Hysterie ihr bisheriges Leben als entwertet empfinden. Nach außen hin schließen sie sich der durch die Medien erzeugten Aufbruchstimmung an, im Innersten aber fühlen sie sich diskriminiert und ausgeschlossen. Aber auch an die weiblichen Kinder werden so hohe Erwartungen durch die Eltern gestellt, daß viele von ihnen unter Kopfschmerzen, Schlaflosigkeit und Magenbeschwerden leiden. Jungen reagieren auf den auf sie ausgeübten Druck »männlich« – durch Aggressivität, Prügeleien, Diebstähle.

Weil Frauen eine höhere Lebenserwartung als Männer haben, werden sie in naher Zukunft besonders davon betroffen sein, daß die häusliche Pflege, Betreuung und Versorgung speziellem *Gefühlspersonal* übertragen wird. Heute sind noch 83 Prozent der Hauptpflegepersonen Frauen. Bis zum Jahr 2010 wird der Personalbedarf in der Altenpflege explosionsartig zunehmen. Schon jetzt sind es nach Zahlen der Bundesregierung 1,66 Millionen Bürger, die Pflegehilfe in Anspruch nehmen müssen. Ein Viertel davon wird stationär versorgt, vorwiegend Frauen. Die Feministinnen werden aber bald die Opfer ihrer eigenen Ideologie sein.

Gesellschaftliche Verpflichtungen für Frauen werden dann abge-
schafft sein, ein entsprechender Tarifvertrag für die Gefühlsarbei-
terinnen soll die entstandenen Lücken schließen. Die Trauer über
den Verlust erst gar nicht wahrzunehmen geschieht am besten
dadurch, daß – analog dem Tod – Alter, Heimunterbringung und
Siechtum noch mehr als bisher verdrängt werden. Ursachen für
Mißstände in Altersheimen – menschenunwürdige Behandlung,
Demütigungen, Gewalt und Mord – sollen allein dadurch gelöst
werden können, daß sich das Personal höhere Tarifabschlüsse
erkämpft.

Wenn Hilfsbereitschaft, Fürsorge, Mitleid, Liebe und Opfer-
bereitschaft von den Frauen verlernt, von zwei aufeinanderfol-
genden Generationen nicht erlernt sein werden, sind sie für lange
Zeit, wenn nicht für immer, unwiederbringlich verloren. Alle
Frauen werden aber spätestens dann davon Kenntnis nehmen
müssen, wenn sie selbst Opfer des eigenen Aktionismus geworden sein werden, nämlich dann, wenn sie die heute verachteten
Eigenschaften als Kranke und Alte – vergeblich – in Anspruch
nehmen wollen. Dem Himmel sei Dank, daß es da schon die
Gesellschaft für humanes Sterben gibt.

Generell ist Selbstmord unter Frauen dreimal seltener als bei
Männern, die durch Prestigeverlust und sozialen Abstieg schneller in depressive und autoaggressive Zustände geraten können als
Frauen. Familie, Kindererziehung, das Verkraften des Wegge-
hens der Kinder aus dem Elternhaus befähigen Frauen letztlich
mehr als Männer, mit Schwierigkeiten im Leben fertig zu werden.
Männer haben die schlechteren Chancen, besonders die über
70jährigen. Ihr Selbstwertgefühl bricht in der Verwahrungsan-
stalt Seniorenheim rasch zusammen.

In zunehmendem Maße lehnen Mütter das Stillen ihrer Kinder
ab. Dabei liegt der Intelligenzquotient von solchen Kindern um
8,3 Punkte höher als der IQ von Flaschenkindern; die stillenden

Mütter werden eher vor Brust- und Gebärmutterkrebs bewahrt; das fand Prof. Alan Lucas von der Universität Cambridge heraus. Das UN-Kinderhilfswerk fand aber auch einen Zusammenhang zwischen der Zunahme der Zahl alleinerziehender Mütter und der Verschlechterung des Gesundheitszustands der Kinder. In der Geschichte der Menschheit hat sich die Partnerschaft in Form der Ehe auch deswegen herausgebildet, um die materiell gesicherte Aufzucht der Kinder zu gewährleisten. Wer aber einen Teil des Ganzen verändert, verändert auch alles übrige. Das nach einer Scheidung halbierte oder gedrittelte Einkommen durch Sozialhilfemaßnahmen auszugleichen, ist eine Möglichkeit; aber nur solange wie etwas zu verteilen da ist beziehungsweise die Bereitschaft dazu besteht. Die Bereitschaft zum Teilen ist auch bei gutverdienenden Karrierefrauen nicht ausgeprägt, wenn es nicht gerade wieder um einen diesbezüglichen Aufruf an die Männer geht.

Die psychischen Erkrankungen bei Kindern und Jugendlichen nehmen rapid zu. Jeder fünfte bräuchte eigentlich therapeutische Hilfe. »Wir können das Bild einer gesunden Jugend nicht mehr aufrechterhalten«, sagt Prof. Friedrich Lösel von der Friedrich-Alexander-Universität in Erlangen, und stimmt darin mit dem Leiter der Kinder- und Jugendpsychiatrie am Nürnberger Klinikum Dr. Jörg Wiese überein, der die Gründe – wie auch für die steigenden Selbstmordraten bei Jugendlichen – in der stetigen Zunahme von Kleinfamilien mit nur einem Kind, in einer daraus resultierenden Fixierung auf die Mutter und den wachsenden Scheidungsraten sieht. Weil die vom schlechten Gewissen geplagte Karrierefrau ihr Kind oft nur sporadisch und immer nur kurz sieht, *klammert* sie noch mehr und raffinierter als die von ihr als »Tussi« verachtete Glucke.

»Terrorkinder« verprügeln zunehmend ihre berufstätigen Eltern, die allein ihrer Karriere und dem Geschlechteregoismus leben. Es sind meist die Söhne, die gewalttätig werden, die

Mädchen reagieren mit Erpressung, Diebstahl und Lügen; im Notfall aber sind sie auch gewalttätig. Einzelkinder benützen immer mehr den Computer als Partnerersatz, während sie selbst von der Mutter als Partnerersatz benützt werden.

Wenn ein Magazin sich über die Moralpredigt des Films *Boyz N the Hood* lustig macht, wonach die intakte Familie, die »Rückkehr zu den alten Werten«, Voraussetzung für die Selbstbefreiung der Schwarzen sei, freut sich der aufgeklärte Leser, der den Großteil seiner Aufklärung der langjährigen Lektüre eben dieses Blattes verdankt. Der zitierte Politologe Wilson von der Universität Los Angeles meint aber, »das Ghetto sei zum modernen Äquivalent jener archaischen Gesellschaftsstrukturen geworden, die anthropologisch zur Bildung einer männlichen Kriegerklasse führten. Auch bei heutigen Ghettokriegern richte sich das wirtschaftliche Erwerbsstreben nicht mehr auf den Erhalt der Familien – dafür sorgten dank staatlicher Hilfe alleinerziehende Mütter.« Der physische Kampf entscheide über Rangordnung und sexuelle Eroberungen. Wilson hofft auf die Schulen, Kirchen und Familien »zur Sozialisation der jungen Männer.«[88]

Berufsfrauen, Feministinnen, Menschen, die sich in ihrer Selbsteinschätzung als Progressive sehen, sind überzeugt von der Machbarkeit der Problemlösungen durch radikale Veränderungen der Gesellschaft, durch wechselnde Experimente mit Familie, Wirtschaft, Politik und Justiz. Schließlich lebten wir ja im Zeitalter des Wassermanns, des Umbruchs, der individuellen Freiheit, des *New Age*, im Äon der Frauen und der Jugend. Wenn die Experimente schiefgehen, verweisen sie auf das fehlende Engagement der anderen, auf feministisch: der Männer.

Kluge Bürger aber sollten ihre Politiker, männliche und weibliche, Meinungsverkäufer und Entscheidungsträger fragen, wel-

[88] *DER SPIEGEL*, 30/91, S. 135

chen Part jene im Frauenkrieg spielen, sei es aus Ignoranz, Berechnung oder Überzeugung, und vor allem: welchen Part sie ihnen als Bürger, Wähler und Opfer zugedacht haben. Politikerinnen müssen sich selbst die Frage stellen, welchen Pressionen und Verlockungen sie ausgesetzt sind, um als nützliches Küchenpersonal das feministische Süppchen zu kochen, und ob sie meinen, auch dann zu Tisch geladen zu werden, wenn es ans große Fressen durch Entpatriarchalisierung der Patriarchen, Konfiszierung männlichen Besitzstandes und an die große Umverteilung geht. Der Feminismus steht erst am Anfang seines Einwirkens auf alle gesellschaftlichen und individuellen Lebensbereiche. Jede Frau und jeder Mann kann daher für sich selbst abschätzen, wie und wo es sie oder ihn in naher Zukunft treffen wird.

6 Die Verdrängung der Männer

Was ist denn dagegen einzuwenden, wenn Frauen die Gesellschaft und die Welt in ihrem Sinn und zu ihrem Vorteil verändern wollen? Überall herrscht doch Kampf in seinen verschiedenen Abstufungen, Konkurrenz, Wettbewerb. Alles was in der Natur und damit auch in menschlichen Gesellschaften existiert, lebt und entwickelt sich in der Auseinandersetzung und in der Verfolgung unterschiedlicher Interessen, Absichten und Ziele. Während einer Podiumsdiskussion bei der SPD-nahen Georg-von-Vollmar-Akademie beschrieb der Soziologe Walter Hollstein die Zukunft so: »Der wirkliche Geschlechterkampf um Macht und vor allem um Machterhalt, der steht uns erst noch bevor.« Die Männer sind dafür – anders als die Frauen – schlecht gerüstet.

Der seit Urzeiten herrschende Geschlechterkampf ist in die Phase der Verdrängung der Männer getreten. Die Frauen werden Männer massenhaft von ihren Posten und aus ihren Positionen verdrängen, aus der Berufswelt, dem politischen Leben, aus den Familien, den Parlamenten ebenso wie aus dem Schlafzimmer und dem Haus. Männer müssen reagieren, wenn sie nicht vertrieben werden wollen.

Die Feministinnen der frühen 70er Jahre hatten rasch gemerkt, daß die Männer ihren – auch den Frauen oft absurd erscheinenden – Forderungen wenig Widerstand entgegensetzten. Noch vor wenigen Jahren fragten Frauen: Wie weit müssen wir denn noch gehen, ehe uns die Männer sagen: Jetzt ist es genug? Eindeutige Antwort haben sie nie bekommen. Die von den Frauen permanent angegriffenen, beschimpften, beschuldigten, diskriminierten, verhöhnten und lächerlich gemachten Männer scheinen wie gelähmt zu sein und machen nicht die geringsten Anstalten, gegen die von den Frauen offen und ungeniert »Frauenoffensive« genannten Attacken mobil zu machen und wenigstens defensiv zu werden. Wie das Kaninchen auf die Schlange, starren sie auf die aggressiven Frauen.

Der Feminismus hat die Gesellschaft in Bewegung gebracht. Männer müssen das zur Kenntnis nehmen, ob sie wollen oder nicht, auch schon deswegen, weil sie die Folgen am eigenen Leib spüren. Die Masse der Männer aber möchte den Feminismus und seine Folgen aussitzen und totschweigen. Sie werden bald unsanft aus ihren Illusionen gerissen werden.

Der von den Frauen vom Zaun gebrochene Verdrängungskrieg betrifft alle Männer ohne Ausnahme, den Hausmann ebenso wie den Manager, den Softie wie den Macho, den Linken wie den Rechten, den weißen Mann wie den farbigen, den reichen wie den armen, den Hetero wie den Homo. Noch aber stecken die Männer die Köpfe in den Sand in der Hoffnung, es wird so schlimm schon nicht werden. Noch tun Mütter – wie bisher in jedem Krieg – nichts dagegen, daß nicht nur ihre Männer, sondern auch ihre Söhne zu den Opfern macht- und kriegslüsterner Langzeitstrateginnen zählen werden.

Wenn es um die Veränderung des gesamten Lebens einer Gesellschaft, um ihre künftige Kultur, Religion, Wirtschaft, um Krieg oder Frieden in der Bevölkerung geht, dann sollten die Absichten der Beteiligten und die voraussehbaren Folgen allen klar sein. Dann muß darüber in der Öffentlichkeit gesprochen und gestritten werden. Dazu müssen die Pläne, Bestrebungen und Machinationen von den Betroffenen aber wahrgenommen werden. Doch die Männer wollen ihre Verdrängung nicht zur Kenntnis nehmen. Sie verschließen die Augen, schauen weg, verdrängen die unangenehme Wahrheit ihrer Verdrängung.

Es ist nur natürlich, daß ein Konfliktpotential zwischen Frauen und Männern existiert. Das erst macht den Reiz des jeweiligen Gegengeschlechts aus. Wünschenswert ist aber, nicht zuletzt aus psycho- und soziohygienischen Gründen, daß die neu entstandenen Konflikte von vielen Männern angenommen, nicht aber ignoriert, vermieden und verdrängt werden. Wenn die Männer ihre Verunsicherung, ihre Angst und Wut verdrängen, sie quasi von sich weg nach außen projizieren, kann das auch für die Frauen gefährlich werden. Was verdrängt wird, kann übermächtig wirken. Verdrängung der feministischen Bedrohung kann Männer aus dem Unbewußten bedrohen, sie ängstigen, unsicher und krank machen. Wenn sie die innere Spannung nicht mehr aushalten, droht die Gefahr einer Überreaktion und unkontrollierbarer Gewalt.

Bei der im Gang befindlichen Entmachtung der Männer durch die Frauen und der damit einhergehenden Entmännlichung der Gesellschaft, der drohenden Sinnentleerung des tradierten Begriffes *Mann* springt – wie bei allen tabuisierten Reizen – der Verdrängungsapparat des bedrohten Mannes, wie der jedes Menschen schon an, ehe der erahnte Reiz bewußt wird. Wenn im psychologischen Test etwa schreckenerregende Bilder in einen Film eingeblendet werden, nimmt sie der Proband einfach nicht wahr, obwohl gleich lang gezeigte Bilder mit angenehmem Inhalt sehr wohl erinnert werden.

Die Feministinnen sind ebenfalls Opfer ihrer eigenen Projektionen. Sie projizieren auf *die* Männer ihre verdrängten Anteile, denen sie sich vor langer Zeit – mit oder ohne Mitwirkung der Männer – entfremdet haben und sehen sie als Ursache für männliche Macht und weibliche Ohnmacht an. Nicht zuletzt gelten die im Zusammenhang mit Sexualität verdrängten Ängste als Ursache dafür, daß sie die Realität verzerrt wahrnehmen. Kürzer hätte dies in keinem Lehrbuch der Psychoanalyse gezeigt werden können als in dem feministischen Graffito *Schwanz ab!* Analytischer ist es bei Nancy Friday[89] und auch bei Marina Moeller-Gambaroff[90] nachzulesen. Letzere schreibt: »Sollte jedoch an diesem Feindbild (Mann) noch ein anderer Mechanismus beteiligt sein, etwa eine Projektion oder eine Verschiebung, um einen latenten inneren Konflikt unsichtbar zu machen, dann würde ein ausschließlich nach außen gerichteter Kampf langfristig zum Bumerang werden, weil die volle Problembewältigung umgangen würde.« Durch Abwehrarbeit werde das Verdrängte seiner Angst entkleidet und kehre als das *Symptom Männerfeindlichkeit* zurück. Das Symptom – als eine Kompromißbildung aus Verdrängtem und Abwehr – ist aber in Wahrheit symbolischer Ersatz für die auf den Mann verschobenen Ängste aus der frühen Mutter-Kind-Beziehung, mit der Frauen der Konfrontation mit der allmächtigen Mutter zu entgehen suchen.

Neues macht immer Angst. Vor den »Emanzen« und vor ihren eigenen, mit der Emanzipation und dem Feminismus sympathisierenden Frauen haben die Männer erst einmal Angst; das gilt auch für die flinken Jasager, die ihre Angst durch Linksüberholen der Feministinnen wegmachen wollen. Angst verliert aber an Bedrohlichkeit, wenn man ihr und der Quelle der Bedrohung ins Auge schaut. Erst wenn jeder Mann seine eigene Angst angenommen hat, erst dann hat er die Chance, davon frei zu werden und sukzessive und mit Vernunft auf das zu reagieren, was ihm Angst gemacht hat und ihn noch ängstigt. Wohin die damit zwangsläufig verbundene »Veränderung« des Mannes führen wird, bleibt abzuwarten. Eine feministische Männerdressur in Männergruppen, deren – den Erfolgen feministischer Strategie nachhinkende – Zielrichtung feststeht, wird niemandes Befreiung dienen.

[89] Friday, Nancy: siehe Fußnote[25], S. 27
[90] Moeller-Gambaroff, Marina: Emanzipation macht Angst. Kursbuch Frauen Nr. 47, S. 2

Der Heiligenschein der Frauenbewegung ist verblaßt! Der Feminismus ist nicht mehr das Neue, das Utopische, das Revolutionäre. Machtstreben macht habgierig. Die Berufsfrauen sind den Verlockungen des Wirtschaftssystems und der Politik längst erlegen. Schon lächeln die Machas geschmeichelt, wenn sie als Machos apostrophiert werden. Auf eine reine Wachablösung aber können die Männer verzichten. Das Weiterführende, das in der Lage ist, aus den Veränderungen der Gesellschaft einen qualitativ höherwertigen Sprung zu bewirken, ist jetzt die *aktive* Auseinandersetzung der Männer mit dem Feminismus. Das Ergebnis einer solchen Auseinandersetzung ist noch nicht absehbar, es wird ein Amalgam mit unbekannter Zusammensetzung sein.

Tausendmal wurde den Männern von Frauen vorgeworfen, sie würden zuwenig Gefühle zeigen, sie sprächen zu wenig über ihre Befindlichkeit. Die Männer dürfen sich bei ihrem Eingeständnis von Angst und Wut wegen der Aggression von Frauen bei einer größeren Offenheit in der Äußerung ihrer Gefühle nicht weiterhin verunsichern lassen, wenn Frauen sie nämlich gerade damit verhöhnen und als unmännlich auszutricksen versuchen. »Du hast wohl Probleme mit Frauen?« – Eine erste Antwort könnte sein: »Aber ja, ganz verschiedene, und keine kleinen!«

Was also tun? Keine präzisen Handlungs- und Verhaltensanweisungen? Kein wohlfeiler Männerslogan? Kein Aufruf zur Bildung von modernen Männergruppen, in denen Männer ihre Verunsicherung so oder so bearbeiten lernen? Kein Rezept für eine neue Männerbewegung mit Chefideologen und Anführern; kein Aufruf zum Zusammenschluß zu Männerinitiativen gegen Männerbenachteiligung, etwa beim Rentenalter oder beim Wehrdienst? Mancher wird enttäuscht und ratlos sein.

Wer in Zukunft in einer feministischen Gesellschaft leben möchte, braucht gar nichts zu tun. Sein Wunsch wird bald in Erfüllung gehen. Die anderen, Männer *und* Frauen, die nicht

Opfer des Machbarkeitswahns der feministischen Heilslehre werden wollen, müssen den durch die Frauenbewegung geschaffenen Fakten ins Auge sehen. Es wäre schon viel, wenn Männer und Frauen die feministische Propaganda registrierten und Politiker kritisch auch im Hinblick auf feministische Abhängigkeiten und Fernsteuerungen beurteilten. Einfach sehen, *was* ist und *wie* es auf Psyche und Körper wirkt, das ist ein Anfang! Warum nicht auch Widerspruch gegen feministischen Geschlechtsrassismus anmelden, wenn man sich ungerecht behandelt, gekränkt und gedemütigt fühlt? Mit nur wenig Phantasie und Wachsamkeit, schon durch aufmerksames Beobachten der Medien, läßt sich auch die Gesellschaft der Zukunft einschätzen.

Noch ein letztes Mal: Wenn die Gesellschaft bewußt den Frauen die Macht überläßt, so ist das legal, mag es vernünftig oder unvernünftig sein, und alle sind für die Folgen gleichermaßen verantwortlich. Verhängnisvoll allein ist die bisherige Entwicklung, in der Männer (und Frauen) einer Selbsttäuschung durch psychologische Verdrängung unterliegen.

Gegen den Strom schwimmen, das ist nicht leicht! Aber nur in der Auseinandersetzung können Standpunkte revidiert werden oder sich als unversöhnlich erweisen. Wer den feministischen Floskeln vom allgegenwärtigen »Unterdrücker Mann« offen widerspricht, wird feststellen, daß er besonders von Frauen ernster genommen wird als der sanfte Schmeichler, der rätselhaft schweigt oder feministischer Arroganz hurtig zustimmt. Sympathie und Zuneigung gehören dem Mutigen und Offenen.

Beleidigen sollten sich Männer als ganzes Geschlecht nicht mehr lassen. Schon gar nicht sollten sie ein schlechtes Gewissen wegen *der* Männer haben. Die Frauen sind nicht die besseren Menschen! Den Zustand der Welt haben Männer *und* Frauen zu verantworten! Wenn sie wollen, können sie ihn vielleicht in der freimütigen Auseinandersetzung verändern.

TSU
Wu Yu-Tang
EROTISCHE REFLEXZONENMASSAGE

PE

geb., 144 S.
ISBN 3-8138-0289-2

Tsu– die erotische Reflexzonenmassage

Jede Massage hat für den Empfänger neben dem gesundheitlichen auch einen genießerischen Aspekt, der eindeutig von sexuellen Empfindungen begleitet wird. Jeder mag es, aber kaum einer spricht darüber, wie sehr das durch die Berührung ausgelöste ‚Kribbeln' im Körper und auf der Haut guttut. Dabei entspricht der körperliche Kontakt unserer natürlichen Neigung nach Zärtlichkeit und Berührung.

Welche unglaublichen Spielräume der Körperkontakt als Urform menschlicher Kommunikation birgt, ist nachzulesen: In „Tsu – erotische Reflexzonenmassage" beschreibt Wu Yu-Tang die Feinheiten der chinesischen Massage, die nicht nur zu neuen Höhepunkten des erotischen Zusammenseins führen, sondern auch Ängste und Probleme im sexuellen Bereich auf sanfte Art beseitigen helfen.

Bücher aus dem Peter-Erd-Programm finden Sie überall im Buchhandel.
Fordern Sie das kostenlose Gesamtverzeichnis an bei:

Verlag Peter Erd • Gaißacher Straße 18 • 81371 München
Telefon (0 89) 7 25 30 04
Fax (0 89) 7 25 01 41

PETER ERD

**geb. m. Schutzumschlag,
280 S.,ISBN 3-8138-0288-4**

Vom Zauber der Erotik

„Die Sehnsucht nach Berührung" wird nie vergehen – auch wenn das Stadium des heißen Verliebtseins schon eine Weile her ist. Doch wann ist Zeit für *„Zärtlichkeit, der Ausdruck von Wärme und Liebe"?* Wie arrangiert mann/frau *„vergnügliche Stunden"*, auf daß *„die Lust auf Sex"* geweckt wird?

Die Kapitelüberschriften von *„Beglückende Sinnlichkeit"* machen die Richtung des Bandes deutlich: Sympathisch einfühlsam möchte er Paare animieren, mit einer verfeinerten Erotik einander mehr Spaß und Lebensfreude zu bereiten. Was bedeutet: Von der Gastro-Liebesrezeptur bis zur Wahl der Dessous.

Lauri-Rae, Ex-Ehefrau von Bestseller-Autor Joachim H. Bürger und Fotomodell, gibt in diesem Band nicht nur aufregende Anregungen, sondern zeigt auch ihre schönsten (Körper-)Ansichten auf Kunstdruckpapier.

Bücher aus dem Peter-Erd-Programm finden Sie überall im Buchhandel.
Fordern Sie das kostenlose Gesamtverzeichnis an bei:

Verlag Peter Erd • Gaißacher Straße 18 • 81371 München
Telefon (0 89) 7 25 30 04
Fax (0 89) 7 25 01 41